美国传媒业
融合发展理论及数字化探索

Theories and Practices of Media Convergence
and Digitalization in the United States

王 健◎著

中国广播影视出版社

图书在版编目（CIP）数据

美国传媒业融合发展理论及数字化探索 / 王健著
. -- 北京 ：中国广播影视出版社，2019.1

ISBN 978-7-5043-8218-4

Ⅰ．①美… Ⅱ．①王… Ⅲ．传播媒介－产业发展－
研究－美国 Ⅳ．①G219.712

中国版本图书馆CIP数据核字(2018)第270643号

美国传媒业融合发展理论及数字化探索

王健　著

责任编辑　王丽丹
封面设计　盈丰飞雪
责任校对　龚　晨

出版发行　中国广播影视出版社
电　　话　010—86093580　010—86093583
社　　址　北京市西城区真武庙二条 9 号
邮　　编　100045
网　　址　www.crtp.com.cn
微　　博　http://weibo.com/crtp
电子信箱　crtp8@sina.com

经　　销　全国各地新华书店
印　　刷　涿州市京南印刷厂

开　　本　710毫米×1000毫米　1/16
字　　数　146（千）字
印　　张　12.75
版　　次　2019 年 1 月第 1 版　2019 年 1 月第 1 次印刷

书　　号　ISBN 978-7-5043-8218-4
定　　价　36.00元

引 言
Introduction

　　如鱼饮水，冷暖自知。每一个行业的从业者，对于本行业的发展现状都有深刻的切身感受。即便是刚入职的年轻人，在和同事们的交流中也能感受到职业压力和行业变化。对于身处传媒行业的从业者而言，一个普遍的共识是：全球的新闻传媒行业正在经历一场史无前例的深刻变革。

　　近年来，全球的传统媒体都在经受数字媒体强有力的挑战。许多传媒机构——报社、杂志社、电台、电视台——无论曾经多么强势，常常面临影响力下行和效益下滑的双重压力。当然，这并非意味着每家传媒机构所处的轨迹都是"每况愈下"。事实上，一些传统媒体在数字化挑战过程中应对得当，实现了成功转型和有效应对，影响力和综合效益有了积极变化。但正像股市的K线图那样，假若我们稍微拉长时间线，并从全行业整体的趋势来看，竞争越发激烈的态势和逆水行舟的压力毋庸置疑。一些传媒机构曾经有着巨大的影响力，像巨无霸一样占据着媒体的市场，吸引着受众的眼球，然而在几年间也渐渐显露出颓势。

　　近十年来，报纸、杂志等传统纸媒日渐冷清，一批曾经有较大影响力的报纸纷纷停刊或减刊。大批传媒业者纷纷离场，进入电子传媒、公关、广告等行业。各级电视台的黄金十年似乎还在昨天，开机率不断下降的现实就日益凸显。由于中国进入汽车社会所带来的影响，广播似乎并未受到明显的冲击。但假若以收听率等作为指标，显然受众守着收音机收听节目的时代早已一去不复返。

与此同时，伴随着智能手机的普及，受众获取资讯的渠道已经明显发生了变化。手机、平板电脑、智能音响、穿戴设备已经成为受众获取信息和娱乐身心的重要手段。当受众的目光和关注点发生偏移时，许多传统媒体也不断调整转型，或建立新媒体团队，或推出客户端，或通过社交媒体账号吸引受众的关注度。然而必须指出的是，所有的努力尚处于探索之中，截至目前转型成功的案例寥寥无几。即便是转型过程中取得了一些成绩，由于新技术手段不断涌现而频频产生的新挑战，似乎就在眼前。许多媒体人陷入迷茫和困惑，前路究竟在哪里？

当我们断言传统媒体遇到困境时，并不意味着新媒体可以坐享其成并获取红利。和传统电台、电视台、报纸需要波段资源、上星许可或刊号不同，互联网是一片蓝海，自由竞争是其最鲜明的特征。在互联网领域，"各领风骚三五年"的现象十分明显，人人网黯然离场的现实就充分说明了这一点。由于海量资讯的存在，受众的目光瞄向互联网这片蓝海，也极有可能背对着我们的方向。时代华纳（Time Warner）和美国在线（AOL）合并的经历告诉我们，互联网蓬勃发展，并不意味着某一家或某几家数字媒体就一定有光明的未来。

曾几何时，沃尔玛贵为全球第一大企业，在零售市场叱咤风云。沃尔玛新开一家店面，往往意味着一大批中小零售商店的死亡。正因如此，美国媒体曾经大声疾呼"阻击沃尔玛，拯救街边店"。然而时至今日，美国的零售业依然红火，只是消费者更愿意去塔吉特（Target）、克罗格（Kroger）或是登录亚马逊（Amazon）、易趣（Ebay）在线购物。2018年年初，沃尔玛面对竞争压力不得不做出转型努力，将"沃尔玛商场"（Walmart Store）更名为"沃尔玛"（Walmart），刻意把

"店面"（Store）一词删除以凸显其在线购物业务。像沃尔玛这样的巨型企业，尚且在几年之内就突然由升转降，面临市场转型的巨大痛苦。又有哪家新兴媒体敢叫板自己"触网"就一定会成为"百年老店"呢？

在这样一个媒体竞争趋于白热化的时代，传统媒体能否实现成功转型，新媒体能否满足受众需求，已不再是"你好我坏"或"你快我慢"的问题，而是关乎"你死我活"的命题。正如莎士比亚所说：生存还是死亡，这是个问题。关键是，如何作出转型，怎样适时调整，让媒体机构能够生存，并跟上时代的脚步。

近几年来，"媒体融合"成为日益火热的媒体话题。传统媒体在媒体融合事业的推动下，向新媒体转型的步伐不断加快，一些中央媒体在转型进程中，厘清了战略思路，明晰了目标定位，抓住了关键环节，一大批优秀的新媒体内容不断涌现。尤其是一些中央媒体在发展过程中，不断汇聚人力资源，培养人才队伍，大力引进技术人才，使新媒体长远发展有了更有力的保障。但与此同时我们也必须看到，在传统媒体转型发展过程中，困惑和迷茫依然存在，发展方向不明和战略思路不清的窘白还将时时困扰着传统媒体，人才队伍的建设并非一蹴而就，新媒体的迅疾变化也考验着传统媒体不断调整业务的能力和水平。这些都说明，在媒体生态日益变化的今天，能否有明晰的战略理念，能否准确找到战略支点，让持续提供优质内容的能力成为常态，并以受众习惯的渠道和方式加以传播，对于媒体的发展甚至生存都至关重要。唯有如此，才能让媒体在日积月累的发展中，逐渐形成传播优势，成为受众信赖的媒体品牌。

西方的传播学发源于美国。二十世纪一二十年代开始酝酿，四五十年代形成一门学科。它从五个传统的社会科学——经济学、心理学、政治学、社会学和人类学——中汲取养分，也让传播学的范畴越来越广，研究越来越深入。在大众传播进入21世纪以来，传统的一些传播学理论研究遇到了新的挑战，大众社会理论、分众理论、把关人理论、休眠效果理论等传统理论的局限性越来越明显。新兴传播形态所具有的新特点、新变化，难以用传统理论加以精准分析。这些新变化、新特点都需要我们认真加以研究，才能在媒介传播的进程中精准地找到解决问题的钥匙。

"媒体融合"究竟是不是媒体发展的必由之路？面对数字媒体的挑战，传统媒体如何有效作出应对，实现媒体跨越式发展，有待细致地研究和审慎地做出结论。美国学术界对于媒体融合课题有十几年的系统研究，同时在媒体生态急剧变化的今天，美国传媒机构也在激烈竞争中不断探索路径，适时调整方向。无论是理论课题研究还是媒体融合实践，都给我们贡献了极其宝贵的资源，让我们更深入地了解"融合"的课题，寻找最明晰的方向和最便捷的路径。

当前，中国媒体生态的变化剧烈而复杂，传媒行业如何走好脚下的发展之路，不仅事关媒体的生死存亡，同样事关国家和民族的发展进步。今年恰逢改革开放40年。回顾过去，没有40年前的开放眼光和宽广心胸就没有中国今天的发展进步。40年过去了，中国的发展水平早已不可同日而语。但与此同时，能否保持开放心胸，如何更好地从国际社会寻找解决问题的答案，决定着中国能否继续保持高质量发展，并在发展进程中解决好出现的矛盾和问题。

在数字传媒发展方兴未艾的今天，各国媒体生存背景相似，激烈竞争的格局趋同，这都给我们以宝贵财富。保持开放心态，认真审慎研究各国媒体的发展案例，并结合中国的国情和媒体特点认真思考前进的方向，将有助于我国传媒业有效应对变化，探索出一条有中国特色的数字化媒体发展之路。解放思想，实事求是，开拓创新，勇于变革，相信中国的传媒行业就一定能够在媒体巨变的时代背景下，迎来崭新的发展篇章，创造出更多满足社会需求和人民需要的精神产品，为时代进步贡献独特的价值和社会财富。

目 录
CONTENTS

美国媒体融合理论研究

　　"融合"一词最早起源于科学领域，特指两种形态、温度、方向、质量等截然不同的物质相聚相合。在20世纪中叶，"融合"一词的意义逐步从科学领域延展开来，被运用于气象学、数学、进化生物学、政治学和经济学等学科，用于形容若干种不同的事物互相渗透，合为一体。

　　在传播学领域，最早使用"融合"一词的是麻省理工学院教授尼古拉·尼葛洛庞蒂（Nicolas Negroponte）。1978年，尼葛洛庞蒂用三个圆环分别代表计算机工业、出版印刷工业和广播电影工业。在一个图示当中，三个圆环相互交叉并趋于重叠。这一图示形象地展示了不同行业即将和正在趋于"融合"的态势和过程。

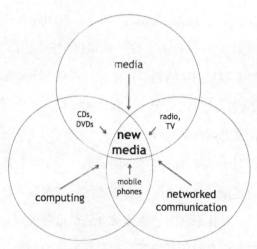

　　尼古拉·尼葛洛庞蒂（Nicolas Negroponte）的三圆叠加理论预示了新传播路径和融合趋势的诞生。（有修改）

而"媒体融合"（Media Convergence）或"媒介融合"一词的推广和使用，麻省理工学院教授伊契尔·索勒·普尔（Ithiel De Sola Pool）功不可没。他在1983年的著作《自由的科技》（*the Technologies of Freedom*）中首次提出了"传播形态聚合"（the convergence of modes）。在他看来，数码电子科技的发展将导致不同的传播形态逐步靠近乃至最终融合。

事实上，从"媒体融合"一词在传媒学界开始启动研究的同时，传媒业界对于"媒体融合"的概念已经引发了关注。1980年，哥伦比亚广播公司主席威廉·帕雷（William Paley）在广播界年会上发表讲演，重点论述了新闻信息传播机制的融合（the Convergence of Delivery Mechanisms for Mews and Information）给业界所带来的新挑战。1994年《纽约时报》报道《圣何塞水星报》（*San Jose Mercury News*）与美国在线（AOL）共同推出《水星中心新闻》（*Mercury Center News*）的电子报刊。新闻通稿的标题中使用了"媒体融合"一词，称这一举措是"一次媒体融合"（A Media Convergence）。2001年，"美国在线"创始人史蒂夫·凯斯（Steve Case）在一次演讲中亦使用了"融合一词"指代不同媒介形态相互交融的趋势。他说："每个十年都有与之联系的词。20世纪80年代，这个词是个人电脑。90年代，这个词是互联网。而接下来的十年，关键词将是融合。"

可以看出，对于"媒体融合"一词的推广，学界和业界齐头并进，而背后的推动力量则是互联网时代来临之际，技术变革在传统媒体中所引发的连锁反应。具体而言，"媒体融合"是指各种媒介呈现多功能一体化的趋势，它是信息时代背景下一种媒介发展的理念，是在互联网的迅猛发展的基础上传统媒体的有机整合。

　　"媒体融合"的概念包括狭义和广义两种。狭义的概念指的是"产品"形态的变化和交融。例如，将不同的媒介形态"融合"在一起，形成一种新的媒介形态。大众熟知的电子报、博客新闻等都属此类。而广义的"媒体融合"则范围广阔，包括一切媒介及其有关要素的结合、汇聚甚至融合。广义的"媒体融合"不仅包括产品的融合，还包括媒介功能、传播手段、所有权、组织结构等要素的融合。

　　可以看出，狭义的媒体融合指的是传播介质的融合创新，而广义的媒体融合则更多指的是介质和渠道变化及这些变化所带来的媒体资源重组、流程再造和传播内容的创新。事实上，无论狭义还是广义，两者不可分割。传播介质的变化往往源于受众接收资讯渠道和方式的变化，而这样的变化又常常会导致媒体生态的急剧改变。当媒体生态发生了变化，传媒机构无疑要在传播方式、传播理念、组织架构、生产流程和传播内容等诸多方面随之而动。从另一个角度来看，传媒机构在内容和渠道等诸多方面的变革，最终目的正是在产品和渠道层面的创新。狭义和广义的概念，二者高度统一。究其根本，"媒体融合"就是要实现信息传输通道的多元化作业，把报纸、电视台、电台等传统媒体，与互联网、手机、手持智能终端等新兴媒体传播通道有效结合起来，资源共享，集中处理，衍生出不同形态的信息产品，然后通过不同的平台传播给受众。

　　美国新闻学会媒介研究中心主任安德鲁·纳齐森（Andrew Nachison），将媒体融合界定为"印刷的、音频的、视频的、互动性数字媒体组织之间的战略的、操作的、文化的联盟"。可以看出，在安德鲁·纳齐森的观点中，媒体融合首先不是彼此间的抵触或抗衡，而是一种"联盟"。其次，形成联盟的过去常常迥然而已的不同媒体形态——纸质、广播、视频和网络。再次，这种联盟并非着眼于产品端的一次行动或合作，而是"战略的""操作的"和"文化的"联盟。

事实上，安德鲁·纳齐森的观点高度概括了媒体融合所应推进的三个层面：一是"战略"层面，说明媒体融合不应着眼于某一次报道或某一段时间，而是着眼未来信息时代的资讯传递。二是"操作"层面，说明媒体融合并非夸夸其谈或浮在空中，必须以切切实实的新闻传播产品及其创新为落脚点。三是"文化"层面，说明印刷、音频、视频和互动性数字媒体的联盟应该以组织架构重塑和传媒组织文化融合为依托，不仅仅是物理层面的融合，而是必须有化学反应。

当然，在不同的语境下，"媒体融合"的概念会有不同的阐释和指代方向。有学者把媒体融合简单分类为两大方面：技术的融合和经营方式的融合。这样的分类方式忽略了新闻产品层面的推陈出新，更多着眼于技术要素或人力要素的整合，难免失之偏颇。

美国南加州大学传播学教授亨利·詹金斯（Henry Jenkins）把媒体融合分为三大范畴：传播内容在多个媒体平台之间流动；不同传播行业之间的跨界合作，例如电视与报纸、电影与电视以及受众跨越媒体平台寻找感兴趣的内容。沃尔兹（Wirtz）也从三个角度审视媒体融合的进程：跨媒体行业进行联合或兼并；技术和网络平台的整合；服务和市场的集中。观念认为，这些范畴和领域的融合并非彼此排他，而是可以共同存在、同步推进。

在媒体融合研究领域，公认比较系统的分类，来源于美国西北大学教授李奇·高登（Rich Gordon）对"媒体融合"类型作出的分析。依据高登的观点，媒体融合大致分为六个领域：

一、媒体科技融合（Convergence in Media Technology）

从"媒体融合"的狭义概念来看，技术层面的整合、嫁接乃至创新是媒体融合必不可少的步骤，同样也是媒体融合至关重要的方面。科技层面的媒体融合，既包括运用新技术手段改造传统媒体的传播形态、传播渠道、传播内容，例如，数字化播出系统和平台的创建和广泛使用，云端媒资体系或采编系统建设，数字音视频存储数据库的运行等；也包括传统媒体和新媒体在产品方面的创新，例如，H5新闻产品、网络视频直播等。可以说，没有技术层面的融合，就没有新闻传播领域的一切融合。技术融合是媒体融合的基础。

二、媒体所有权合并（Convergence of Ownership）

如果是技术层面的融合是底层融合，是媒体融合的基础，那么最高层次的融合则是所有权的集中。无论是国内现代全媒体传媒集团的建立，还是美国在线（AOL）和时代华纳（Time Warner）集团在2000年进行的所有权合并，在本质上都是所有权的转移和变化。而所有权的集中，势必会影响新闻传媒传播内容、传播渠道、传播领域的深刻变化。因此，人们常常把所有权的变化，看作媒体融合进入深层次、新阶段的标志。

然而，媒体所有权的集中，也往往引发不同的观点和意见。有观点认为，媒体机构所有权的逐步集中，将使内容控制更加容易，从而导致不同观点和不同声音受到压制，最终控制社会公众能够听到、看到的真相和观点。

美国专门负责媒体内容的联邦通讯委员会（Federal Communications Commission）曾经在20世纪70年代专门通过了《广播电视跨媒体所有权限制令》（*Radio/TV Cross-Ownership Restriction*），防止媒体领域高度垄断的行为发生。1975年，联邦通讯委员会再度颁布了《报纸/广播电视跨媒体所有权禁令》（*Newspaper/Broadcast Cross-Ownership Prohibition*），令行禁止了同一家传媒机构在同一城市中垄断多家广播电视机构和报刊的情形。

然而，世易时移，伴随着新媒体时代的到来，媒体所有权的变化已经不由人们的意志为转移。因此，1996年美国修订并通过新的《电信法》，解除了对传播产业跨业经营的限制。通过移除限制，人们希望传播机构能够以商业化方式进行产权和运营探索，让传媒机构更加符合市场化运行方式，鼓励创新，减少成本，跨界经营，促进资本和资源流动，最终实现多种声音和观点的不断放大，促进传媒机构在社会当中承担起更多社会责任。

三、媒体战术性联合（Convergence of Media Tactics）

战术不同于战略，媒体战术性联合无须进行所有权的转移，只需要在实际操作层面兼顾彼此权益。类似的情形在现实当中层出不穷，报纸、广播、电视、网络互为支撑，互相补台。例如，中央人民广播电台《新闻和报纸摘要》节目，每日摘播当日报纸的重要新闻，事实上就是与纸媒之间的战术性联合。又如，央视《新闻联播》介绍次日《人民日报》将要发表的重要社论，也属此类。

当然，媒体战术性合作有些是因为不同媒体机构虽然品牌不同、传播渠道不同，但背后的所有权为同一财团或个人拥有。默多克旗下的新闻集团，就在世界各地拥有众多的传媒机构。这些传媒机构之间既包括电影制作公司、电视台，也包括纸质媒体。当然，这些系出同门的传媒机构不会互相拆台，只会互相协助，扩大彼此的影响力。另一类情形则恰恰相反，不同的媒体机构没有任何所有权的瓜葛。只是在媒体生存和发展进程中，互相协助能够共同做大影响力。媒体共生理论（Media Symbiosis）已经告诉人们：媒体之间只有相互依靠才能抱团取暖。这种依存关系如电影与电视、唱片与广播之关系一样。

在西方传媒体系中，采访另一家传媒机构的记者，同样属于媒体战术性联合的范畴。《华盛顿邮报》的记者推出一篇重头稿件，美国有线新闻网在直播节目中采访撰文记者。一方面，该记者是事件的深入调查者，虽并非当事人，但却具有十足的可信度；另一方面，这样的采访也是战术性联合的同行做法。看了电视直播的观众，如果对新闻感兴趣，会找出《华盛顿邮报》的原文，进一步详细阅读。

伴随着媒体生态的变化，今天的媒体战术性联合，常常以互相扩大受众资源（粉丝）作为共同目标。电视台直播进程中不遗余力地引导受众登录其官方网站或社交媒体账号，了解更多后续信息。这样做一个显而易见的效果是，能够更容易地将粉丝转移到自己的多平台中，增强受众黏性的同时增强媒体机构的品牌影响力。

四、媒体组织结构性融合（Structural Convergence of Media Organization）

媒体组织结构性融合，更多着眼于媒体内部的资源整合。虽然媒体的所有权没有任何变化，但内部组织架构的重塑和采编流程的再造，往往能够带来意想不到的效果。正因与此，传媒机构在面对信息时代挑战时，往往从内部改革做起。

例如，在移动互联网时代，不少媒体机构选拔富有经验的编辑记者成立全媒体采编团队，还有的传媒机构专门成立过渡性部门，负责将传统媒体的稿件重新编写录制，并播发在新媒体网站或社交媒体账号上。这样的部门，就属于媒体内部结构性融合的代表。

近年来，我国的中央媒体纷纷建立中央厨房，类似的平台或指挥中心就是更高层面结构性融合的典型案例。事实上，美国传媒机构在面对新兴媒体竞争时，也往往从内部结构性改革开始，通过对传媒从业人员的工作职责和媒体组织结构的调整，应对新媒体的冲击。

媒体组织结构性调整，往往着眼于节省成本、加快资源流动、提升反应速度、加强统筹协调，最终实现扩大影响力的目的。

五、新闻采访技能融合（Convergence of Information Gathering）

在传统媒体工作的记者，往往对于采访工具和采访技能有专业性要求。例如，纸媒记者往往强调文字功底，图片记者则强调拍摄新闻图片的能力；广播记者要有较强的口头表达能力，外出采访时需携带录音笔或采访机；电视台的记者往往需要扛起摄像机，将新闻事实完整记录下来。

然而时至今日，这一界限已经日益被打破，"全媒记者"或"全媒采编人才"成为媒体融合的一部分。许多记者在出发至新闻现场时，往往需要携带多种设备，包括纸笔、照相机、摄像机和录音设备。2002

年，"背包记者"（backpack journalist）成为一个新兴词汇，专门指代那些肩负多媒体发稿任务，并具有多媒体采编播技能的专业型人才。正因与此，背包记者也常常被称为全媒体记者或全能记者。美国有线新闻网（CNN）主播安德森·库珀（Anderson Cooper）曾经在耶鲁大学毕业后，立志成为一名背包记者。他在24岁时辞去了工作，从同事那里借了一台摄像机，伪造了一张记者证，带着自己的背包便飞去了泰国。从泰缅边境偷渡进入缅甸，跟随缅甸的反政府武装在深山老林里拍摄。此后，哪里有战乱纷争，安德森就会出现在哪里，波斯尼亚、克罗地亚、俄罗斯、乌克兰、格鲁吉亚、以色列、柬埔寨、海地、印度尼西亚、南非……安德森·库珀撰写了大量稿件并发回大量视频，通过全媒体报道让美国社会了解了许多不曾详知的国际争端和残酷现实。

当然，为了让"全媒记者"更加便利，哥伦比亚大学的工程师们曾经开发了一种可以背的移动工作站，以便记者能采集多种形式的内容。但时至今日，许多记者只需带着一部智能手机，往往就能实现全媒体采编工作，并发回稿件、图片和视频。尤其是流媒体技术日渐成熟的今天，全媒记者甚至可以通过智能手机进行现场直播，这极大地方便了背包记者的工作。今天，在许多重要国际会议或新闻事件的现场，媒体记者手持自拍设备自己采录、自己口播新闻，也已成为常态，这不得不说是技术进步带来的效应。

伴随着时代变迁和技术发展，背包记者的行囊也不断发生着变化。2016年全国两会期间，媒体曾经报道了采访两会的记者背包中究竟有什么。作为两会花絮，报道引发了网友极大的关注。除了我们熟知的纸笔、相机、摄像器材外，虚拟现实设备、全景照相机等都引发了人们的兴趣。当然，背包记者并不意味着总是单枪匹马，全媒体采访有时会以团队作为采访小组，2—5人为一组，便于一人采录另一人口播，共同合作完成采编播任务。

六、新闻叙事形式融合（Convergence of News Storytelling）

每一种新兴媒体的出现，都会有效融合其他媒体的要素，使新闻报道的内容更加丰富，形态更加多样。例如，一条电视新闻当中，就可以整合文字、图片、音频等多种要素，并配之以画面，使报道更加丰富。时至今日，互联网的出现再次重演了历史，使得新闻叙事形式的融合成为可能。多媒体新闻传播形式即是融合了文字、照片、声音、录像、动画和图表等多种形态的新闻叙事方式。

与单一的媒体报道和叙事方式相比，叙事形式的融合让新闻报道的信息量更大、即时性更强、互动渠道更通畅，也让报道形态更加吸引人。近年来，H5等新兴报道手段让智能手机阅读新闻的用户体验更加丰富。

可以看出，新闻叙事形式的融合是产品端的融合。假若媒体融合仅仅停留在所有权的融合或组织架构的融合层面，而在产品端却无法落地的话，媒体融合就无法取得成功。

美国传媒学者杰·尼尔森（Jakob Nielsen）曾在《传统媒体的终结》（*The End of Legacy Media*）里预言：未来五到十年间，大多数现行媒体样态将寿终正寝。它们将被以综合为特征的网络媒体所取代，这一观点显然是带有激进色彩的媒体进化论。然而在现实当中，持这样激进观点的不在少数。但与此同时，持乐观态度和积极观点的专家亦大有人在。美国南加州大学数字未来研究中心主任杰弗里·科尔（Jeffery

Cole）教授认为，任何一种媒体都不会因为新兴媒体形态的出现而寿终正寝。正如电视出现，广播没有消亡一样。数字媒体的出现会对传统媒体产生冲击，但与此同时传统媒体会因时因势作出调整，例如报纸取消纸质发行代之以数字报纸出现。虽然媒体形态有所变化，但却以另一种形式延续其传播力。

美国传媒学界普遍认为，在信息技术不断撬动下，媒体融合进程会不断加快，简单而言就是把报纸、电视台、电台和互联网站的采编作业有效结合起来，资源共享，集中处理，衍生出不同形式的信息产品，然后通过不同的平台传播给受众。在市场需求和信息技术潮流的驱动下，媒体间除了融合别无选择。媒体之间只有实现优势互补，彼此融合，形成打造市场的合力，才能弥补单一媒体自身存在的缺陷。

在理论分析的过程中，有传媒业者从成本控制和效益最大化的角度分析了媒体融合的合理性。美国传媒学者布雷德利曾经测算，同一个新闻选题，报纸、广播、电视记者的前期采访成本比例大约是1:1.8:3.5，电视采访成本高于报纸三倍还要多。在电视一统天下的局面下，这样的成本投入的确有益于打造精品，但当电视开机率不断下降的局面下，如此高投入显然性价比过低，前期投入产生的传播价值也无法实现最大化。在此情况下，媒体融合是一个调整成本和收益比率的显性要素。在一家传媒集团内部，假若在不同媒体间实现互动和整合，发挥协同效应，媒体资源的用途就会实现最大化。同样的新闻传播产品可以包装成不同的媒体产品，实现一物多用。在扩大市场的同时获取最大成本效益，强化媒体的品牌和影响力。

在美国传媒学界，媒体的合并和传媒科技的发展，催生了融合新闻学（Convergence Journalism）的诞生。许多大学的新闻课程也正逐步改变过去以文字、财经、广播电视等媒体属性划分方向的做法，培养跨平台、多技能、全媒体人才已经成为高等教育机构的培养方向。从媒体融合发展趋势来看，加强跨媒体传播技巧训练，使记者能够成为具备以多种形式进行写作和传播能力的融合记者（Convergence Journalist）是当今时代新闻传媒人才培养的必修课。不懂得全媒体手段和技术的新闻记者，将逐步被时代所淘汰。

简而言之，媒体融合已经成为传统媒体与新媒体共同发展的趋势和现实。实际上，媒体融合的实质，应当是在新旧媒体之间取长补短，以此达到媒介传播效果的最大化，而这也正是媒体融合所需努力的目标。要做到这一点的关键应当是实现新旧媒体之间内容上的共享和功能上的分化。那些能够不断实现跨平台经营和多渠道传播的媒体机构，将能够更加自如地应对媒体竞争的压力。

媒介融合的另一面：媒介分化

在过去的20年间，媒体融合进程极大地改变了媒体行业的版图。无论是在新闻传媒领域还是在电信领域，并购、重组和变革都是关键词。许多传媒机构或电信企业通过并购、重组、联盟，实现了跨平台和全媒体传播。无论是媒体内容的前端生产，还是媒体传播的后端分发，都实现了跨平台融合推进。在媒体融合进程中，一些媒体机构增强了协同效应，降低了制作成本，打通了传播平台，扩大了覆盖规模，这些都鼓励了更多传媒机构坚定地推进媒体融合的进程，力争通过新技术手段实现跨界经营，打造全媒体传播机构。

在推进媒体融合进程中，传媒机构的肇始初衷是摆脱生存危机，确保持续发展，推动品牌效应和经济效益不断提升。由于新技术推动和监管政策的变化，不少传媒机构或实现了横向一体化（Horizontal Integration），通过并购和重组使原本条块分割的媒体业务线得以整合，扩大了媒体集团的规模，增强了报道的实力，扩充了影响力。与此同时，一些跨领域、跨机构的纵向一体化（Vertical Integration），也打通了报纸、广播、电视、网络之间的鸿沟，形成了一次采集、多次生成、多渠道分发的体系，扩大了媒体的受众群，增强了媒体的社会效益和经济效益。

在推进媒体融合的进程中，两种力量起到了决定性作用：一是新技术手段的催化作用；二是新自由主义（neoliberal）政策的变化。从前者而言，互联网信息技术的变革让传统媒体感受到了竞争的压力，因此一系列并购重组和内部整合之后，媒体融合的进程被大大推进，新型传媒集团不断形成。从后者而言，美国政策近些年在不断调整变化之中。媒体私有化趋势越来越明显，传播和电信集团不断兼并，模糊了传统媒体和新媒体的界限。政策的变化，尤其是传播领域的所有权彼此交叉持有（cross-ownership）使得传媒集团的运营方向不断变化，经营范围不断放宽，推动了一批全媒体传媒集团的诞生。

然而，"大"并非"美"。传媒集团在不断推进媒体融合的进程中，为数不少的美国传媒机构未能实现"1+1>2"的协同效应。相反地，一些媒体机构效率不断降低，融合仅停留在机构重组的表象，未能深入骨髓。甚至在一些媒体机构中造成不同的报道团队彼此损耗，互相埋怨的现象。有鉴于此，美国、英国、法国和加拿大的一些传媒机构反其道而行，没有向着"融合"的方向推进，而是通过分拆、独立运营、出售子公司等手段，不断推进"媒介分化"的进程，以实现提升效益的目的。

概念：媒介分化（Deconvergence）

传媒学者曼努埃尔·卡斯特尔思（Manuel Castells）指出："从20世纪90年代开始的媒体融合实验大多以失败而告终。大多数的融合并未带来效益的提升。事实上，传统媒体集团的新媒体机构从未实现盈利。未来的前景也几乎不被看好。"

从媒体传播学理论来看，这样的趋势可以理解。1979年，尼葛洛庞帝推出"三圆交叠"学说，分别用三个圆圈代表广播和动画业、电脑业、印刷和出版业。尼葛洛庞帝认为，三个行业不断走向融合，圆圈相交之处将成为成长最快、创新最多的领域。因应这样的预测，媒体融合进程大大加快，许多媒体集团力争通过交叉运营、并购重组，实现多领域叠加效应的最大化。然而，与此同时，我们不应忘记，在尼葛洛庞帝的"三圆交叠"学说中，三个圆圈不重叠的部分，代表了与媒体融合趋势相反的因素，即各个媒介自身的独有特征。许多传统媒体，正因突出了各自独特的优势，强化了"长板"，培育了自身的核心竞争力。有传媒领域专家分析，"媒介分化"应该分两步走：第一步，是有效识别和区分各自的独特优势，将媒介的独有特征从总体特征中分离出来；第二步，对分化出来的独有特征，通过资源投入，新媒体技术改造，人才团队建设等手段不断予以强化，使其在媒介领域当中独树一帜，实现媒介身份的强化和媒体实力的增强。

从美国媒体的融合实践来看，媒体融合和媒介分化的趋势都很明显。根据美国《兼并与收购》（*Mergers and Acquisitions*）统计，自1999年至2008年期间，年度百大并购案例排名中共有103起涉及媒体和传媒机构的并购案例，总价值达到13260亿美元。在20世纪90年代后期，传媒并购案例不断增长并达到顶峰。1998年，美国百大并购案例中共有14起涉及传媒业的交易，总交易值达到1123亿美元。2000年和2001年，又分别有20起和13起设计传媒业的并购案例，交易值分别达到3020亿和2580亿美元。

不仅如此，20世纪90年代末的并购案例中，不乏传媒业的"大动作"。WorldCom和MCI的交易位列1998年百大并购案的第四名。1999年，三项电信业的并购案进入当年交易额的前十强。2001年，美国在线和时代华纳的交易更是位列当年百强并购案的第一位。这起交易更是被媒体行业高度关注,视为媒体融合的标志性动作。传媒行业视其为风向标,认为媒体融合是媒体行业未来发展的方向。

然而伴随着美国在线的日渐萧条,传媒行业对兼并、重组等不断推进融合进程的做法产生担忧和怀疑。传媒业并购重组的案例逐步走低,2003年,只有六起传媒业并购案例发生。2007年,也只有区区三起。与此同时,除了2006年AT&T与南方贝尔(BellSouth)的并购案引发了人们的普遍关注外,大型传媒或电信集团的并购越来越少,大手笔并购重组日益鲜见。2008年,传媒学者沃特金斯(Watkins)依据自己的观察断言"直到现在我们依然在见证媒体融合不断推进的过程中,但未来融合越来越少,分化将越来越多"。

在一项研究中,加拿大西蒙弗雷泽大学学者达永庸(Dal Yong Jin)追踪了从1999年至2003年《兼并与收购》统计的年度百大并购案例中涉及传播领域的83个案例。其中,有57起并购以失败告终,达到了惊人的68.7%。尤其是大型并购,绝大多数未能达到预期目的,没能形成媒体融合的累加效果和协同效应。同时,就失败的比例而言,传媒领域的并购和重组未能成功的概率,大大高于其他行业失败的比例和此前媒体研究机构的预测。

在这项研究当中,有三种情况的交易被定义为"失败":一是企业并购或重组后,未能达到预期最终导致破产或关门;二是公司合并成为大型企业集团,但经营无法持续不得不分拆;三是企业并购若干年后无法消化并带来一系列后果,最终将子公司再次转手出售。依照这样的标准,在这57起失败的并购案例当中,有19起大型并购最终导致破产或公司关闭,达到了22.9%。这意味着大致有五分之一的交易,经历了最糟糕的失败。无论是WorldCom, Teleglobe, MCI, 亦或是Global,

Tribune，Yahoo，多家企业申请破产或破产保护。1998年，14起大型传媒业并购案例中有12起最终以失败而告终。1999年，20起并购重组案例中有14起以失败收场。2002年，13起并购案中有12起失败，其中包括维亚康姆集团（Viacom）收购哥伦比亚广播公司（CBS）传媒集团案。该案在2002年创造了全球第二大广播电视传媒机构，然而到2005年，维亚康姆集团就再次出售了哥伦比亚广播公司。

当然，在所有的案例当中，并购交易最终未能达到预期效果并导致最终失败的原因多种多样，并非完全因媒体融合所致，例如，一些并购案发生之后，媒体内部出现腐败事件，甚至在财务上发生丑闻，这些都是媒体集团最终逐步分化的原因。但从总体情况而言，能够通过媒体融合进程实现飞跃的案例乏善可陈。

在过去的20年间，面对信息时代挑战，"媒体融合"已经成为学界和业界最突出共识。无论是传媒学界广泛的研究还是传媒业界的不断实践，媒体融合似乎都成为一条金规铁律，被不断引证、实践、传播。然而从实践情况来看，能够在媒体融合进程中实现既定目标——成本最优化、效益最大化、受众群体增加、影响力提升——的情况少之又少，更多的融合案例最终以失败告终。与此同时，媒体融合的趋势有了180度转弯，更多的媒体机构采取激进手段，分拆行业公司或出售子公司，以其通过更加精准的经营，实现业绩的突破。维亚康姆集团CEO萨姆纳·雷德斯通曾经公开表示："媒体融合，那种在过去十年中主导传媒业的以大为美的理念已经分崩离析。众所周知，离婚有时比婚姻更美妙。"

"媒体融合"的理念为何没能够在一些传媒机构实现预期效果，甚至导致了业绩的下滑和发展的倒退呢？在学者罗杰·菲德勒（Roger

Fiedler）看来，许多传媒机构的融合，没有把各家之长汇聚起来，反倒是汇聚了各家的短处，泯灭了媒介独特的优势，造成了内部沟通成本的提升和效率的降低，最终打造了"四不像"的媒介属性。

费德勒引用1950年代美国人对"万能运载器"的研究称："我们不该期望，电视机、电话、收音机、传真机、期刊和书籍会突然被一种互联网媒介形态所取代。那种认为所有形态的媒介将最终融合为一的想法，与20世纪50年代人们设想一个'万能运载器'取代所有交通工具的想法同样属于异想天开"。费德勒所说的"万能运载器"，是在50年代的一种设想。人们希望把飞机、汽车和轮船的功能有效整合，从而产生一种全新的多功能、多用途交通工具。这种"万能运载器"既能在陆地上像汽车一样驾驶，也能在水中像轮船一样漂泊，还能像飞机一样升入天空。然而美好的畅想碰到现实却显示了其尴尬之处。这样一台机器发明出来后，并未引发人们的热情。把多种功能整合在一起，想象中的"多功能、多用途"却变成了"一辆劣等车、一架劣等飞机和一艘劣等船"。据此费德勒认为，把多种媒介整合到一起的想法，或许会"殊途同归"。报纸、广播、电视和互联网本就有不同的属性及特点，硬要把几者整合起来，有可能抛弃了媒体各自所长，形成一个拙劣的"四不像"。媒介只要把自身优势发挥好即可，不必强求向互联网贴近。

有传媒学者认为，驱动媒体深度融合的原因往往很相似，但是造成媒介分化的因素则各有各的不同。2005年，维亚康姆-哥伦比亚集团（Viacom-CBS）在短暂婚姻后各自分拆，一家成为新媒体公司，另一家成为传统广电媒体公司。然而，这种分化并非泾渭分明。维亚康姆集团（Viacom）负责互联网媒体、有线电视和电影产业，其中也包括MTV、BET和派拉蒙影业等高速增长的子公司。而哥伦比亚有限公司

（CBS）则控股那些增长缓慢的传统媒体机构，例如广播和电视业务。驱动媒介分化的主要动机是推动增长、推高股价。

美国在线时代华纳集团（AOL Time Warner）的婚姻失败，曾经震惊美国传媒界。一直以来，这项并购被极大看好，人们普遍认为这样的媒体融合会产生"1+1>2"的效果。然而事与愿违，曾经预计的400亿美元营收，在第一年只达到110亿美元，此后的若干年间每况愈下。从2000年并购发生时到2006年分拆时，美国在线时代华纳的股价缩水高达1000亿美元。2006年，公司不得不一分为四。时代华纳CEO杰弗里·比克斯表示："公司内部的合作应该鼓励，但任何一家分公司都不该出钱养活其他的分公司。那些不赚钱的业务理应被出售。"

2009年，时代华纳正式与美国在线分家，这项被众人看好的婚姻最终以离婚收场。推进融合和以大为美的观念已经被抛弃，人们更多愿意相信"灵活和创新"的力量。

在十年的时间内，美国传媒市场的理念发生了根本性变化。媒体融合不再是传统媒体在面对新媒体挑战时的唯一生存路径，媒体融合也不再被强调为媒体发展的"金科玉律"。事实上，当媒体融合不能给传统媒体带来脱胎换骨的变化时，融合的趋势和力度就会逐步衰减甚至转向。而当媒体再一次面临抉择时，许多的媒体机构为了生存，会毫不犹豫地分拆业务，只保留那些核心业务和盈利水平较高的分公司，其他的业务则被分拆或出售，甚至申请破产。

媒介分化的因素

依道理而言，媒体融合通过整合不同业务分支，能够降低媒体运营成本，使优势资源更加集中，同时能够有效扩大受众群，增强媒体机构的影响力和公信力。然而在推进媒体融合的进程中，一些因素往往左右媒体融合所产生的积极效应，造成多头作战，效率低下，最终对媒体机构的品牌产生负面影响。

一、经营管理因素

在不同的传媒机构，驱动媒体融合的因素虽各有不同，但往往具有高度相似性。技术变革带来受众注意力转移，互联网成为公众获取信息的重要渠道，导致许多媒体在发展进程中增长受限，不得不通过媒体融合，跨界进入新媒体领域，进一步锁定受众群体，以稳定或促进传媒机构的影响力。然而必须指出的是，即便在传统媒体领域拥有无可替代的实力，任何一家传媒机构也无法轻易将这种影响力平移至互联网平台。尤其是在移动互联时代，受众的注意力更短暂，获取信息的渠道更多元，资讯竞争更加激烈。一些媒体机构在进入互联网领域跨界经营之后，难以改变传统媒体的经营思路和传播方式，依然"以我为主"而非"以受众为主"，"以主动发布为主"而非"以互动为主"，"以单一媒介形态为主"而非"以富媒体传播为主"。这样的经营策略显然与互联网时代的传播特点格格不入。一些媒体守着"内容为王"的观念，不注重渠道分发、语态改变和互动互联，最终难以形成有效的传播优势。

有传媒学者指出，在媒体融合进程中越是曾经强势的传播机构，就越难以改变传统思路和传播方式。越是处于垄断或霸主地位的传统媒体，就越希望通过平移媒体报道至新媒体平台来获取影响力，这样的做法往往极难获得移动互联时代受众的注意力，媒体融合进程也会因此而屡屡碰壁。尤其是传统媒体和新媒体的传播特点有诸多不同之处，生搬硬套传统媒体的管理方式和经营策略往往适得其反，难以打开局面。

还有的传播机构虽然意识到了经营策略变革和传播方式调整的重要性，但囿于人才储备不足和技术能力的瓶颈，无法形成更有效的传播力、影响力，这些都成为媒体融合进程中重要的制约性因素。

二、文化认同因素

在媒体融合的过程中，许多传媒机构都面临传统媒体和新媒体同步经营、两线作战的局面。事实上，假若传统媒体和新媒体板块能够有效支撑，形成良性互动局面，则有利于媒体机构降低经营成本、扩大传播效率。然而事与愿违，一些媒体在多板块协同的过程中，未能形成良性的企业文化，未能形成互为支撑的团队合作意识。有的传播机构未能统一思想，管理团队与业务团队思路不统一，员工抱怨工作量加大和传统新闻价值观的丢失。许多机构在融合过程中甚至未能及时对员工进行培训，使得员工不理解工作变化和调整的原因，造成组织机构内部士气低落的现象。

荷兰格罗宁根大学传播学者克拉斯克·塔米林（Klaske Tameling）和马塞尔·布鲁斯马（Marcel Broersma）曾经对荷兰三家传媒机构的媒体融合情况进行了详尽的跟踪调查。在对诸多记者编辑的采访中，一方面，许多记者相信，通过在传统媒体平台和新媒体平台同步编发稿件，能够使传播机构更广泛地接触到不同类型的受众。在传统媒体和新媒体平台间实现内容共享，也能够让资源利用更加高效。对个人而言，跨平台工作能够让记者编辑更多接触新媒体技术手段，对他们个人成长而言是宝贵的成长、机遇和挑战。但与此同时，编辑记者对媒体融合的负面意见也很强烈。他们认为，所谓的媒体融合只是供职的新闻机构借机强化效率并降低成本的举措。在报社当中，由于新媒体平台的发稿要求，24小时不间断发稿要求使得编辑记者承受更大的工作压力，工作量较过去增加很多。更重要的是，绝大多数记者编辑认为，互联网平台使得传媒机构发稿速度加快，造成稿件质量下降，因为不再会有大把的时间像过去出版报纸一样精雕细琢某一篇稿件。多数采编人员认为，媒体的价值观正在衰落，许多过去传统媒体人的优秀品格正在逐步消失。

对于停止纸质出版的在线报（Online only Newspaper）而言，尽管不存在新媒体和传统媒体两线作战的矛盾，但采编人员同样面临士气衰落和对新业务的质疑。格罗夫斯和布朗（Groves and Brown）在2011年对《基督教科学箴言报》进行的案例研究表明，"采编人员对于互联网新闻平台过度关注点击数、浏览量等数量标准而非稿件质量的现象非常担心"。瑟曼和米莉拉提（Thurman and Myllylahti）2009年对欧洲首个在线报纸的个案研究也表明，在线报更多采用通讯社或外部资源的稿件。对于稿件本身的把关，编辑记者对新闻当事人进行采访或核实新闻事实的工作也比过去少了很多。

更为严重的是，许多编辑记者由于担心传统媒体和新媒体平台兼营的局面会影响稿件质量，进而影响媒体可信度和传统的新闻价值观，由此萌发了新闻编辑室中的抵触情绪。尤其是在传统媒体和新媒体需要资源共享和业务合作的时候，这样的抵触情绪很容易造成矛盾。

三、资源效率因素

媒体融合，不仅在资源配置上要"物理相融"，更要努力实现生产要素"化学相合"，并在提高效率、加强传播力层面产生积极效应。在媒体融合进程中，许多传媒机构都能够基于做大新媒体业务和做强传统媒体业务的目的推动资源的再配置。例如，组建新媒体生产团队，招募技术工程师和全媒体采编人员，对新业务部门在财力上予以大量投入等。然而在一些媒体机构当中，物理相融做到了，却难以产生化学反应。传统媒体和新媒体两线作战中，两个团队却常常难以无缝对接，摩擦和矛盾代替了和谐和效率。资源共享实现了，却难以产生协同效应（synergy）；资源再分配实现了，却分散了传统媒体的发力点；资源流动实现了，却让资源的流动更加缺乏目的性和针对性。

在传媒学者的调查中，甚至媒体机构的高级管理人员都对"媒体融合提高资源效率"的说法产生种种怀疑。学者多伊尔（Doyle）在1999年采访了英国的报纸和电视台高管。媒体高管普遍对"媒体融合促进成本节约，增强协同效应"的说法持否定态度。由于传统媒体和新媒体在实操层面的本质区别，跨平台协同往往难以实现"规模效应"（Economy of Scale）。当然，媒体高管也同时承认，媒体融合最大的优势是传统媒体和新媒体彼此推介、互相宣传，力度比以往要更强。在1999年和2002年，多伊尔（Doyle）对加拿大媒体高管也进行了类似的调查，结果同样展现了媒体管理层对融合业务的担忧和怀疑。足见，媒体融合不能"想当然"，"1+1>2"的协同效应和成本优势并非一定出现。在实践过程中，资源协同常常未能使效率提升，反倒会造成效率低下。

正因如此，美国学者詹金斯（Jenkins）强调，在可预见的将来，媒体融合不可能是一种有序而彻底的整合，而是会呈现出临时起意、将就对付、杂乱无章的特点。换言之，融合的过程中将会出现诸多错综复杂的矛盾和悖论。

"媒体融合"与"媒介分化"的关系

在当前媒体发展的路径和进程中，"媒体融合"的概念被反复强调，"媒介分化"的概念并不如前者在理论层面探讨的那么多。人们谈到媒体融合时，更多的是关注"汇聚"、"集中"、"整合"等"合"的方面，而对于融合后的"分散"、"分化"与"分工"等"分"的方面却还没有做出足够的研究。究其原因，"融合"更强调整合力量，汇聚资源，形成规模优势和较强的战斗力。毫无疑问，当传统媒体面对新媒体挑战时，汇聚资源并打一场攻坚战，保持甚至提升媒体的品牌影响力，这是理智判断下作出的选择。

与此同时，"媒介分化"更多强调针对受众分化的特点，对不同人群采取不同的传播策略。事实上，依然在晨光中拿着收音机到公园收听广播节目的听众，与使用手机客户端在上下班通勤途中收听广播节目的受众，无论在收听目的、收听习惯或收听方式上都有所不同。通过"媒体融合"纵然能够在平台层面兼顾多个受众群体，但却很难给予不同的受众都令其满意的收听感受。因此，"媒介分化"更强调效率和针对性，更强调受众、内容、渠道等分化基础上的精准传播。

事实上，无论"媒体融合"还是"媒介分化"，都是媒介发展进程中的重要趋势。根据马克思主义哲学的观点，事物的发展是对立统一的，既然"媒体融合"存在，那么存在与之相对应的"媒介分化"趋势并不意外。学者曹漪那和付玉杰认为，"媒体融合与媒介分化是互相联系、对立统一的整体，它们是媒介发展进程中的两翼"。清华大学教授彭兰认为，"融合只是一个手段而不是目的，合是为了更好的分，通过融合达到更高层次的多样化，这才是媒体融合的终极目标"。科里·纳佩尔和塞尔吉奥·斯帕维埃罗（Corinna Peil and Sergio Sparviero）认为，"在面对新兴媒体技术的冲击时，传统媒体不得不做出反应。许多大型传媒集团，首先试图通过并购和重组以增强自身的实力和市场份额。而到了后期，为了突出核心竞争力和对关键领域的控制，媒体集团则会采取分化的策略去实现这一目标"。

从这些分析可以看出，"媒体融合"和"媒体分化"只是传媒集团在发展进程中采取的不同策略而已，他们的宏观目标都一致：保持或增强媒体的品牌竞争力。而具体的目标则各有差异："媒体融合"更多强调跨平台能力的迅速整合和传统优势在新媒体等领域的快速复制；"媒体分化"则更强调突出重点业务，强调核心竞争力。

有传媒学者指出，媒体在基础发展阶段，本就是相互分化的。报纸、电台、电视和网络各有各的传播平台、目标受众和传播方式。然而在发展过程中，媒介"原始分化"的界限渐渐模糊。例如，新兴的互联网传播平台，既能够呈现图文，亦能够呈现音频和视频。尤其是智能手机功能日渐强大，已经变成了每位受众手中的阅读器、收音机、便携式电视机……在这样的技术驱动下，传统媒体通过管理升级、技术改造、团队建设等手段，培育跨平台传播能力和多媒体生产能力。"媒体融合"在这样的背景下，既是主动而为，更是被动为之。而当"媒体融合"取得进展并发展到一定阶段后，人们更加强调不同媒介的个性特征和独特优势，通过"二次分化"获取专业性优势，这也成为"媒介分化"最突出的特点。

既然"媒体融合"和"媒介分化"都是传媒机构发展"工具箱"当中的重要"器具"，就必须仔细分析他们的优势和劣势，并将他们的比较优势发挥到合适的领域。要摒弃将二者对立起来考虑和分析的固有思维。相反，既然"媒体融合"与"媒介分化"是互相联系、彼此对立统一的整体，就应该从整体视角看待二者，"脱离融合研究分化，或脱离分化研究融合都是不可取的倾向"。

"媒体融合"是传媒机构应对新媒体冲击的必由之路。"媒介分化"是传媒机构强化传媒属性，提升报道和传播专业性，加强核心竞争力的必由之路。既然"媒体融合"和"媒介分化"都是必然，就必须找到并确定二者所应"适用"的领域和范畴。

一、发展战略强调"融合"，专业分工强调"分化"

信息时代，媒体发展日新月异，抱残守缺将被时代所淘汰。正因如此，近年来"媒体融合"进程不断加快，传媒机构纷纷"跨界"进入并不熟悉的领域，争夺受众的注意力。从战略层面而言，"融合"是传统媒体应对新兴媒体冲击的必由之路。报社依然每日出版，广播依旧我播你听，电视依然守着传统的黄金时段布局，必然会在竞争中处于劣势。从战略层面高度重视互联网平台和新兴技术带来的变革，充分采用融合手段提升和拓展新媒体开拓的力度和深度，有助于媒体较快地适应新平台和新技术带来的挑战，将传统优势有效地向新媒体延伸。因此，从媒体发展战略角度分析，"融合"是有效路径。正因与此，近年来无论是《纽约时报》《华盛顿邮报》，还是美国公共广播公司（NPR）、美国有线新闻网（CNN）都在积极布局互联网，通过融合战役推动传媒品牌在新媒体端的影响力不断提升。同时，传统记者也在不断转型，全媒体人才是未来的发展方向，这一点并没有错。正因与此，高校新闻专业才纷纷开办融媒体课程，力争培养新时代融合新闻人才。

然而，发展战略强调"融合"不代表在所有的领域和方向上都贪大求全，而是在具体实操层面强调"分化"，在专业分工上强调针对性安排。全媒体人才或许既能摄影，又能制作视频，同时还能撰写稿件，但要求每位记者在所有领域都能精通，则并不现实。尤其是内容与技术层面，本就差异巨大，需要专业团队的意见和帮助。正因与此，专业分工强调"分化"，则能够让懂行的人做懂行的事。这也是为什么纽约时报公司和美国全国公共广播纷纷成立视觉化团队，帮助传统报社和广播记者制作和包装视频产品，并精心打磨新闻产品在网站上的数字化呈现效果。

二、产品形态强调"融合"，受众市场进一步"分化"

在"眼球经济"的时代，信息产品要想能够在激烈的市场竞争中立足，就必须充分用足用好新媒体技术手段，在信息的内容表达上、呈现方式上，力争出奇出新，让受众接受。近年来，无论是动图、H5、富文本推送、短视频……都已经让新闻产品的形态出现了种种变化。无论报社、广播、电视还是杂志，在新媒体时代都无一例外地改变传播方式和资讯呈现方式。否则，抱残守缺将毫无疑问在激烈的市场竞争中被淘汰。例如，近年来短视频异军突起，在受众市场中具有较高的接受度，尤其是Youtube等视频网站的受众规模不断扩大，全国公共广播（NPR）等许多传统媒体纷纷在Youtube等网站开通账号，一改过去专业做广播或专业做报纸的生产形态，转身成为全媒体传播平台。为此，全国广播公司（NPR）特意安排记者参加多轮培训，让记者变身全媒体记者，能够在新闻现场拍摄短视频。同时成立视频包装团队，精心制作短视频资讯产品。足见，在媒体融合的进程中，产品形态势必要实现多元化融合发展。

在产品形态层面强调多种手段融合，并不意味着新兴技术手段就能"老少咸宜"。恰恰相反，由于信息时代受众选择的多元化，受众市场进一步"分化"，这就要求媒体对受众群体有较明晰的了解，并针对性地提供精品内容。在美国的传媒市场，传统媒体的受众细分已经到了"极致"，例如美国的电视频道有专门针对男性受众的汽车频道、探索频道，有专门针对女性受众的美食频道、家装频道、娱乐频道，有专门针对非洲裔美国受众的黑人娱乐频道，有专业的棒球频道、格斗频道、高尔夫频道等。然而，互联网世界受众的兴趣更加细化，如何锁定进一步细分的受众群体是所有媒体必须研究的课题。就拿在线音频市场举例，分别针对新闻资讯、音乐娱乐、有声图书、谈话节目、Podcast等的专业化客户端被纷纷开发。每一个客户端锁定一个专门的受众群体，并有针对性地提供优质内容。

三、传播路径不断"融合"，接收终端持续"分化"

无论报纸、广播、电视，现在都经由互联网的传播路径去与受众发生关联，这是媒体融合发展进程中一个普遍现象。尽管传统媒体在融合发展的进程中依然会将内容置于传统播出平台上呈现，但互联网传播路径的重要性一再提升。20世纪90年代，互联网渠道主要作为"锦上添花"的播出平台。电视节目在电视台播放后，广播节目在电波中播出后，报纸文案在报纸登载后，一小部分内容会被平移到互联网平台。互联网平台的主要角色，是作为传统媒体播出平台的重要引流手段。毕竟，主要的广告业务依然来源于传统播出渠道。进入21世纪，互联网平台的重要性一再提升。这一方面源于家用电脑的快速普及和移动互联网的迅速推广，受众的注意力已经在极大程度上转移至互联网，互联网已经成为大多数用户获取资讯和娱乐身心的重要渠道。另一方面，传统媒体的广告遭受巨大冲击，互联网分流了广告客户的大量资金投入。这也导致传统媒体必须作出变革，将互联网传播路径的"优先级"进一步提升。今天，许多传统媒体已经将互联网作为第一传播平台，随后才是传统媒体的传播渠道。例如，《今日美国》（ *USA Today* ）获取突发新闻后，第一时间在社交媒体发布，随后在其官方网站发布更为详细的信息，最后才是在纸媒上登载深度稿件。足见，无论是怎样的媒体，互联网传播路径的殊途同归已经没有悬念。

与此同时，受众接收终端的"分化"已经日益明显。从最初的台式机到笔记本电脑，从智能手机到平板电脑，从智能穿戴设备到智能音箱，从车联网到智能家电……今天许多受众已经大大减少了传统接受终端的使用时长和使用频次。收音机，作为广播最初的接受终端，已经渐渐从人们的视野当中消失。今天，智能手机和智能音箱替代了传统收音机的地位，同时让受众有了更多自主选择的权力。相比收音机而言，电视机的命运似乎要好一些。在家庭客厅当中，电视机依然牢牢占有一席之地，只是传统的电视机被赋予了更多智能化色彩。与此同时，电视的开机率近年来严重下滑，美国亦是如此。用手机看电视成为潮流和不可逆转的趋势。除了美国有线新闻网（CNN）、福克斯电视台（Fox）和三大电视网（ABC、NBC、CBS）纷纷推出可以在线收看电视的手机客户端外，Youtube等视频网站和电信运营商也纷纷开通在线收看电视的频道。终端设备的选择更多元，使用更智能。从这个视角来看，接收终端的"分化"将是不可逆转的趋势性现象。

四、媒体边界持续"消融"，媒介注意力持续"分化"

在发展历程中，传媒产业曾经有着较高的门槛。申办一家报社、电台或电视台，不仅需要大量投资，而且需要向主管部门申请牌照。在美国，广播电视行业的主管部门是联邦通讯委员会（FCC）。然而伴随着互联网的发展，媒体的边界逐渐消融，进入媒体行业的门槛一再降低。今天，在传媒产业中搏杀的主体越来越多，可以说"英雄不问出处"。脸谱（Facebook）、推特（Twitter）、Instagram等社交媒体常常由创业者缔造，通过较好的技术手段和运营模式进入媒体行业。YouTube、Hulu、Netflix等视频网站，为大众提供了形态各异的资讯或娱乐体验。iHeartRadio、潘多拉（Pandora）、声田（Spotify）等智能音频APP改变了传统广播受众被动收听的局面。Spectrum、Comcast等电信运营商，从仅仅提供宽带和有线电视服务，到提供各种各样的内容产品，更重要的是，当博客、社交媒体和苹果Podcast成为大众接收资讯的重要平台时，各种各样的自媒体不断出现，大浪淘沙的过程中，许多自媒体账号的影响力不断提升，甚至能够与传统媒体机构比肩，媒体的边界渐渐"消融"了。今天，人人都有麦克风，人人都有摄像头，人人都可以是一家"媒体"。

在媒体门槛降低、边界逐渐消融的时刻，媒介的注意力却持续分化。过去，传统媒体只需要将注意力置于"内容"，不断推出有影响力的新闻报道即可。今天，媒体不仅要注重独家线索的采访，有影响力内容的创造，更要考虑传播的路径、全媒体内容的改造、多平台的配合、多终端的营销等，这些工作都在销蚀着媒体机构有限的注意力。许多新闻传媒机构一方面不断优化团队和架构，推出互联网和全媒体生产部门，以适应传播样态的变化；另一方面也不断通过外包的形式，"让专业的团队做专业的事"，以弥补业务线拓展和人才团队短缺所带来的问题。哪些工作应该由媒体机构自己完成？哪些工作应该外包？目前尚无定论。但毫无疑问的是，仅靠自我进化来应对信息时代的挑战，近乎是不可能完成的任务。纵然是进入传媒产业的互联网企业，在技术层面的领先优势也只是暂时现象。唯有牢牢把握信息时代传播特点和不断涌现的新兴技术，牢牢把握媒体注意力持续分化的趋势并有效应对，媒体才能够在激烈的竞争中立于不败之地。

媒介的融合或分化，是一对矛盾统一体。无论是融合还是分化，都将殊途同归，向着媒体进化的共同方向迈进——媒体智能化。而媒体智能化的核心是"人"、是"受众"，关键是"用户体验"。无论采取融合或分化哪种手段去推进媒体优质内容的生产和传播能力的提升，只要是受众关注的内容、以受众最为接受的方式传递，就是正确的方向。

融合手段呈现重大事件

——2018平昌冬奥会NBC寰球集团（NBC Universal）报道策略

第二十三届冬季奥林匹克运动会于2018年2月9日至25日在韩国江原道平昌郡举行，本届盛会吸引了全世界的目光。作为全球体育大国，美国第23次派出代表团参加本届冬奥会的比赛。美国NBC寰球集团（NBC Universal）持有在美国报道和直播平昌冬奥会的独家授权，第16次对奥运会进行全方位报道。尽管NBC对于报道奥运会和体育赛事有着丰富的经验，此次平昌冬奥会对NBC而言依然存在极大挑战。主要有三方面原因。

一、本届冬奥会美国代表团成绩不够理想，缺乏大牌明星的感召力。在美国，一届奥运会美国代表团的成绩如何，往往对收视率产生决定性影响。本届冬奥美国队共获得包括9金8银6铜在内的23枚奖牌，总数为1998年长野冬奥以来最少。尽管美国在部分项目上取得突破，杰西卡·迪金斯（Jessica Diggins）和奇坎·阮代尔（Kikkan Randall）为美国赢得首枚越野滑雪金牌，由约翰·舒斯特尔（John Shuster）率领的美国男子冰壶队也在决赛中战胜瑞典队，为该国夺得首枚奥运冰壶金牌，女子冰球队击败不可一世的加拿大队最终摘得桂冠，但就整体成绩和奖牌榜情况而言，美国代表团本届奥运会的成绩可谓乏善可陈。更致命的是，美国崇尚明星或英雄人物，缺乏了像关颖珊或菲尔普斯那样星光熠熠的明星选手，美国受众的兴趣显著降低。

二、在美国，夏季奥运会备受关注，而冬季奥运会的影响力要逊色许多。虽然美国常年参与滑雪运动的人有将近6000万，有近千家冰雪运动俱乐部，无数的孩子在家长的引导下，在全美各地的俱乐部里学习冰雪运动。但由于气候原因，许多地方冬季项目并不受青睐，许多孩子与冰雪之缘也常常是"一次性体验"。同时，美国受众对国内的部分赛事津津乐道，对全球性体育盛会则提不起兴趣。橄榄球、棒球、篮球往往能够吸引年轻人的关注度，但冰雪项目却乏人问津。《福布斯》记者麦克·奥萨尼恩（Mike Ozanian）甚至公开声称"平昌冬奥会是史上最无聊的一届冬奥会"。显而易见，受众提不起兴趣，对NBC而言亦是极大挑战。

三、韩国平昌地处亚洲，不利于美国受众关注比赛。从时区来看，韩国平昌与美国东部有14个小时的时差，与美国西部有17个小时的时差。绝大多数重要的比赛甚至是决赛，都在美国时间的凌晨举行。对于许多白天需要上班工作的美国居民而言，为了一场比赛半夜守候在电视机前得不偿失。因此，如何应对时差带来的挑战，也是NBC寰球集团必须面对的难题。

尽管面临重重困难，NBC对于平昌冬奥会的转播依然不乏为一届良好的赛事转播。尤其是新媒体、多平台、新技术的运用，让NBC最大限度地锁定了受众。根据最终收视数据显示，平昌冬奥会在NBC频道、

NBC体育频道及NBC体育数字直播平台黄金时段的平均收视人数为1980万，其中有1780万人来自NBC频道。与2014年索契冬奥会的2130万人相比，平昌冬奥会的1980万人出现了7%的下滑。

尽管收视率持下滑态势，且平昌冬奥会的收视率达到了历届冬奥会历史最低值，但NBC对于平昌冬奥会的直播和转播仍是美国同时段收视的霸主。在超过两周的直播周期内，冬奥会收视人数超过了NBC主要竞争对手CBS、ABC和FOX的总和。仅NBC频道的1780万收视人数就比同期CBS、ABC和FOX相加高出了82%，这同样创造了历史——这是历届冬奥会转播与同期其他电视节目的最大收视差距。

对于NBC的表现，《福布斯》撰稿人乔纳森·伯尔（Jonathan Berr）写道："即使观众人数与以往相比有所下降，平昌冬奥会的转播仍然无可比拟。在如今日益分化的媒体环境中，这样的收视表现越来越难以出现。"NBC广播及体育部门主席马克·拉扎罗斯（Mark Lazarus）也表示："在现今的媒体环境下，能在18个晚上平均收获近2000万收视人数，这已经是非常了不起的成就了。"与此同时，尽管收视数据喜忧参半，NBC销售部门的负责人却依然感到惊喜，因为奥运直播的广告收入增长强劲。

仔细分析NBC寰球集团对于此次平昌冬奥会的报道，大量前期的准备、多平台全面投放、精准的节目和受众定位、新技术手段呈现、融合报道呈现等，成为本届冬奥会NBC转播策略的核心。在媒体受众资讯渠道日益多元的今天，NBC对于平昌冬奥会的一些报道理念，值得学习和借鉴。

一、充分的前期准备和预热

对于冬季奥运项目和美国代表团的诸多选手，多数美国人并不十分了解。究竟谁有冲击金牌或奖牌的实力？冰上和雪上多场比赛同时进行，哪一场比赛更受关注？这些问题，都需要在大赛开始前有充分的准备。本届平昌冬奥会，从直播的情况来看，NBC做了大量前期工作。直播开始前两周，与奥运会相关的新闻、专题、纪录片不断在NBC多个频道播放。有些专题，虽然与运动会并不直接相关，例如，20世纪90年代美国著名花样滑冰选手坦雅·哈汀（Tonya Harding）和南茜·克里根（Nancy Kerrigan）因竞争关系曾经卷入一场蓄谋已久的故意伤害案，此案曾经震惊美国社会。在平昌冬奥会开幕前，精心制作的纪录片再次重访当年的当事人，揭开当年案件背后的是与非，又一次引发了公众的关注。这些都像大幕开启前的序曲一样，引导受众的注意力再次聚焦于即将开始的冬奥会上。

与此同时，在直播过程中，直播评论员对于每一位美国奥运选手的相关情况都如数家珍——年龄、来自哪所大学、从事专业体育多少年、怎样成为职业冰雪运动员、启蒙教练对运动员的评价、近几年在国际大赛中的成绩、本人在本届赛事中的期望、主要的竞争对手情况等。这些资料有力地配合了比赛的直播，让观众对于运动员和比赛项目从陌生到熟悉，从熟悉到喜爱。

充分的前期准备也包括新媒体平台的全面呈现。在平昌冬奥会开始前几天，NBC的多款体育赛事和直播客户端不断加大宣传和推广力度，在IOS和安卓应用市场中，这些客户端在下载排行榜中名列前茅，不得不说NBC前期准备充分，取得了良好的覆盖效果。

二、多终端、全媒体融合呈现

尽管平昌冬奥会直播在收视数据上并不十分理想，但这一次NBC吸取前几届奥运会直播的教训，拿出全部广播电视频道和新媒体资源，采用多平台、多终端播放，最大限度扩大受众覆盖范围，取得了良好的效果。

以往在奥运赛事转播过程中，NBC往往将奥运转播局限于NBC和NBCSN两套频道，其他的电视频道则依然播放正常节目。此次平昌冬奥会，NBC首次同时在无线、有线和数字平台同时直播冬奥会。其中，电视频道包括NBC、NBCSN、CNBC、MSNBC和USA Network，数字频道则包括NBC平昌冬奥会专题网页（www.nbcolympics.com）和多款冬奥会移动客户端，全平台播放平昌冬奥会时长累计超过2400小时。与此同时，NBC的脸书（Facebook）、推特（Twitter）等社交媒体平台，及NBC各档新闻栏目，也都把平昌冬奥会的最新新闻、比赛成绩、视频碎片放在重要位置加以介绍和推送，使得平昌冬奥会在美宣传达到一个小高潮。

　　NBC开发多款客户端，针对不同平台全面投放。既包括不同系统的家用电视机，也包括Xbox等游戏终端，还包括平板电脑和Alexa智能音箱等产品。

　　NBC针对不同受众的喜好，共计开发四款体育类智能手机客户端：NBC Sports针对体育迷，在平昌冬奥会期间全方位介绍赛事情况；NBC Sports VR运用虚拟现实技术，将受众带入比赛现场；Sports Talk则成为体育广播谈话节目的新媒体出口；Scores则全面汇总各种比赛大数据。

三、大胆运用新技术手段

此次平昌冬奥会，NBC高度重视新技术手段的运用。不仅在传统电视平台高度重视"数字化"直播手段，在新媒体平台也大胆运用新技术，吸引了体育迷的高度关注。在电视直播过程中，NBC充分开掘大数据潜力，对每位运动员的情况都能作出最准确的数据呈现。这样的"数字化"解读与专业评论员的解说有机结合，让受众感受到比赛解读的专业性和客观性。

在开幕式直播时，NBC就启用时下火热的虚拟现实技术（VR），受众通过手机客户端和VR眼镜，就能够身临其境般来到现场。在后续比赛过程中，对于关注度较高的比赛，NBC都会运用虚拟现实技术对现场加以录制，使得体育迷希望重温夺冠瞬间、深入感受现场氛围时，都能够打开NBC Sports VR客户端，戴上VR眼镜，体验置身看台或身临其境的感觉。

近年来，虚拟现实技术在新闻行业的运用不断增多。伴随着VR眼镜等硬件日益普及，虚拟现实转播正逐步走向成熟。此次平昌冬奥会NBC在开闭幕式中小试牛刀，让人们看到其广阔前景。尤其是体育报道与虚拟现实的结合，给体育迷更多代入感，不乏为一次有益的探索和尝试。

四、把营销置于策划前端考虑并贯穿始终

在平昌奥运会报道期间，NBC直播间隙充斥着大量的广告，足见奥

运转播权巨大投入必须以营销和产出作为平衡。然而，仔细审视NBC的直播广告，每一则广告都是专属为平昌冬奥会录制，所有广告内容都以平昌冬奥会作为卖点或落脚点，没有与平昌冬奥会无关的产品或服务广告，这不得不说是前期大量工作的结果。

这一次冬奥会NBC的营销工作，曾经遇到难点。尤其是美国总统特朗普和副总统彭斯曾一度表示要抵制本届冬奥会，让广告客户感到担忧。NBC营销团队采取多种创新措施，力争及早锁定广告客户。例如，NBC采取打包销售的方式，将2018年初的超级碗橄榄球赛与平昌冬奥会捆绑销售。鉴于超级碗橄榄球赛在美国有超高人气，许多广告客户不得不将广告时段一起购买。同时，NBC还改变了销售策略，不再突出强调以往电视广告销售时使用的"住户到达"数据（Number of Households），而是向客户承诺"两岁以上电视观众人数"。这些销售手段使得平昌冬奥会的预售广告收入大幅增长。在平昌冬奥会开幕前一周时，NBC负责营销的高级副总裁丹·拉文戈（Dan Lovinger）曾经对媒体夸耀地表示："平昌冬奥会开幕式的广告时段一售而空，仅留下极个别的广告位。"

在平昌冬奥会开幕后，NBC的营销工作亦没有停止。在NBC平昌冬奥会官方网站上，涉及美国奥林匹克代表团的纪念币、图章、运动服装等的销售也异常火爆，营销工作贯穿了整个冬奥会报道阶段。事实上，NBC为本届平昌冬奥会的转播权付出了10亿美元，而超级碗橄榄球赛和平昌冬奥会共计营收超过14亿美元。其中平昌冬奥会的营收大大超过了2014年索契冬奥会的800万美元收益，这不得不说是高度重视营销工作带来的结果。

NBC奥运会官方网站不仅出售冬奥会的运动商品，也包括夏季奥运会美国之队（Team USA）的专属商品。

五、追求传播平台、传播方式、传播人群的高匹配度

传统观念认为，喜欢收看电视体育直播的观众大多为男性青年。但数据调查却显示，平昌冬奥会的观众群并非人们臆想的那样。事实上，55岁以上的人群关注平昌冬奥会的占比最高。根据南加州大学安纳伯格学院数字未来研究中心的统计，65—74岁的观众中，收看平昌冬奥会赛事的比例占该群体的43%。而传统印象中的收视人群，18—24岁的青年人只有28%收看了平昌冬奥会的直播，25—34岁的青年人中收看平昌冬奥会的比例，更是低至26%。

与此同时，作为传统体育节目的收视人群，男性在平昌冬奥会的关注度上，并未展现出比女性更高的趋势。在受访者中，35%的男性表示他们关注了平昌冬奥会，32%的女性也对平昌冬奥会相关比赛有所关注。

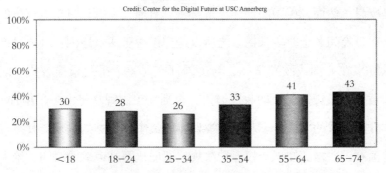

Do you watch the Olympics?
（**sports fans -- by age**）
Credit: Center for the Digital Future at USC Annerberg

55岁以上的人群对平昌冬奥会关注度相对较高

Do you watch the Olympics?
（**sports fans -- by age**）
Credit: Center for the Digital Future at USC Annerberg

男性受访者和女性受访者在平昌冬奥会的关注度上不相上下

鉴于此次NBC寰球集团启用所有传统媒介和新媒体平台报道平昌冬奥会，如何实现不同平台与不同人群的有效对接，如何采用合适的传播方式将资讯送达合适的人群，需要精准定位和前期策划，切不可主观臆断。事实证明，NBC较准确地设定了报道安排，使得不同人群各得其所，从各自喜欢的渠道获取了平昌冬奥会的相关资讯和内容。

首先，NBC这一次打破了大型赛事报道以"录播"为主，"直播"为辅的做法，全程直播了比赛并将重点赛事的录像在次日黄金时段播出。在世界各地，体育赛事的"直播"都是重头戏，无论比赛是在半夜还是凌晨。然而，美国的媒体却常常将"直播"雪藏，将重点赛事的录像在次日晚间黄金时段录播。之所以这样做源于两点原因：其一是许多重点赛事在亚洲或欧洲举办，与美国都有时差。采用录播方式，能够确保黄金时段锁定最大的收视群体。否则，美国观众将大多采用Tivo录制、分散收看的方式，不利于收视群体的集中和数据的呈现。其二，由于美国有较严格的知识产权保护法规，即便比赛结束一段时间，绝大多数观众依然无法从其他渠道了解比赛详情，充其量只是大致了解比分。因此，录播亦不会使收视群体大量流失。

这一次平昌冬奥会NBC采取了"全程直播+重点赛事录播"的做法，源于过去几年间互联网蓬勃发展，人们获取资讯的渠道越来越多元，录播体育赛事已经无法给观众以新鲜感。因此，如何与互联网迅疾的资讯特点相抗衡，是NBC必须考虑的要素。正因与此，本次冬奥会NBC采取全程直播的方式，无论比赛在凌晨何时进行，NBC都对赛事进行了直播。而对于那些无法凌晨守候在电视机前的观众而言，次日黄金时段重点赛事进行重播，也能够确保NBC锁定重点时段的收视率。

其次，本次平昌冬奥会，NBC采取了"社交媒体主打资讯、电视主打直播、客户端主打碎片化视频"的立体式、全方位报道策略。在社交媒体上，NBC通过脸书和推特账号及时迅捷地发布赛事比分、运动员赛后采访等内容，让粉丝第一时间了解冬奥会情况。在电视节目中，由于中老年观众更加关注正在进行的比赛，因此赛事的直播贯穿始终，同时昨夜今天美国运动员的突出表现，也会精心剪辑并呈现给观众。此外，为了"关照"中老年收视群体的偏好，选择直播的比赛往往是中老年相对喜欢的冰上舞蹈、节奏较缓慢的冰壶球等。在客户端上，VR视频、碎片化比赛片段放在重要位置吸引年轻人点击。同时，所有电视直播在客户端都同步进行直播，让手机依赖症严重的年轻人能够更长时间关注NBC的报道。在广播谈话节目中，探讨运动员表现，预测比赛结果等内容也很好地锁定了驾车人群的关注度，成为电视节目和网络平台引流的重要入口和手段。

通过这些精细的安排，NBC既避免了传统媒体和新媒体平台之间打乱仗的局面，也最大范围地锁定了不同的收视人群。各个平台之间互相宣传推介，彼此引流，使得NBC的平昌冬奥会直播实现了传播效果和品牌收益的最大化。

六、充分发挥网络平台的互动性

与新媒体平台相比，传统媒体往往存在互动性较差的短板，如何弥补互动性不足的窠臼，是NBC在平昌冬奥会报道中着重解决的问题。尤其是平昌地处亚洲，这样的重点赛事往往和许多美国人有相当大的距离感，只有通过互动才能拉近受众和冬奥会之间的距离，建立更强的联系。

在冬奥会直播期间，NBC充分利用互联网平台和社交媒体，引导受众参与直播。例如，在冰壶球比赛直播中，NBC社交媒体账号会向网友征集相应的图片、文字或视频，凡是与冰壶球有哪怕有一点点关联的内容，都可以在线提交。相应的内容一旦选中，会在电视直播切进广告的间隙短暂呈现。一则印象深刻的视频是，父亲为了孩子帮助擦地，特意拿出一个小球，将小球滚到哪里，孩子就拿拖布擦到哪里，颇像冰壶比赛运动员的举动。类似的互动，拉近了直播与受众的距离，也让紧张的直播间隙，有了许多生动幽默和轻松的生活气息。

此外，NBC的直播互动还首次进入了广告领域。在平昌冬奥会开幕前，NBC与BrightLine广告公司合作，精心制作了NBC历史上首支互动式广告宣传片，为平昌冬奥会造势。这支广告选择五位美国知名的冰雪运动员——肖恩·怀特（单板滑雪），林赛·沃恩（高山滑雪），陈巍（花样滑冰），盖斯·柯沃西（自由式滑雪）和米凯拉·席弗琳（高山滑雪）——参与录制。观众可以用手中的遥控器选择任何一位选手，了解更加详尽的信息和有趣的故事。这样的广告，摒弃了以往电视台播放，受众观看的线性传播，使受众有一定的选择权和支配权，体现了NBC希望增添互动性的考量。

正是源于以上六点因素，NBC在此次平昌冬奥会当中，能够最大限度增强传播力和影响力，使冬奥会相关资讯和直播内容在美国引发受众关注的高潮。尤其是当前传媒领域正在经历深刻变革，数字化冲击日益强烈的背景下，NBC有效整合传统广播电视及新媒体渠道，发挥各自所长，避免各自短板，互相支撑、彼此策应，让短暂的奥运周期能够产生良好的传播效果，这不得不说是深刻了解受众，熟悉各个渠道传播特点的基础上做出的明智抉择。从这个角度而言，NBC在平昌冬奥会直播期间的一系列做法，值得深入思考，值得学习和借鉴。

传统广播的数字化转型之路

——以美国全国公共广播公司（NPR）为例

在美国，如果你问美国受众他们最信赖的新闻传媒机构是哪一家，极少有人会回答大名鼎鼎的美国有线新闻网（CNN），很少有人会提及四大电视机构（ABC，NBC，CBS，FOX），甚至极少有人提到历史悠久的《纽约时报》（*New York Times*）或《华尔街日报》（*Wall Street Journal*），但人们常常给出的答案中包括美国全国公共广播（National Public Radio）。

广播作为有着悠久历史的新闻媒介，在时代纷繁变化的背景下依然屹立不倒，让人感到惊讶。即便在数字媒体高度发达的今天，在人们资讯渠道日益多元的背景下，全国公共广播公司（NPR）依然享有极高的品牌知名度、社会公信力和舆论影响力。作为一家有着近50年历史的广播电台，全国公共广播公司不仅在广播界独树一帜，有其无可替代的实力。在数字媒体领域，NPR近些年的耕耘也取得了实实在在的成绩。NPR融合发展的秘诀是什么？在信息时代凭什么取得这样的成绩？尤其是近年来传统广播不被看好，甚至被认为将成为第一种迅速消亡的媒介形态时，NPR为何能够保持"长青"？只有通过解剖这只"麻雀"，详细了解NPR的发展战略和路径，我们或许才能够得出准确的答案。

一、牢牢坚持"打造精品内容"

听NPR的广播新闻节目，永远是一个感觉：冷静、真实，有时略显单调和土气。在整套频率当中，没有高大上的频道宣传版，没有节目的宣传推介，没有对明星主播的夸张介绍，也没有大篇幅的广告。虽然NPR有文化、故事和音乐节目，但其主营业务为新闻报道。全天大部分时段，NPR的新闻节目仅有三种样态：新闻、连线或深度报道。

就是这样"简单""土气"的广播传媒，却能够在美国受众心目当中牢牢树立起品牌，靠的是一种不同于其他媒体的价值观，和对这种价值观始终如一的坚持。

在美国，公共媒体指的是那些由政府编列预算或以其他方式获得资金所成立、运作的非营利性媒体。这类媒体多半以制作和播放公共政策的讨论、文教艺术或知识性节目为主，目的是提升国民知识水平、促进民众参与政治决策。与一般商业媒体需要广告费来支撑运营不同，公共媒体往往不被经济利益所左右，一切以社会效益为重。

NPR就是这样一家以公众赞助及部分政府资助、但独立运作的非商业性公共传媒机构。NPR成立于1970年，开播于1971年4月，截至2013年有超过840位全职或兼职员工活跃在采编播各个岗位，在全美共有超过1000家成员电台。自创立第一天起，NPR作为公共媒体的宗旨就是服务和教育大众，为公众提供对于事件、思想和文化方面的深度理解。正因与此，NPR始终坚持公平公正、冷静客观、不偏不倚的报道风格，并且将这种风格树立在频道播出的每一秒中。2014年的数据报告显示，NPR每周有3000万左右的广播听众，每月有数字化平台用户约2000万人。

与商业广播相比，NPR的无线电广播不包含传统广告。在节目当中，NPR依据法规允许简单陈述和介绍主要赞助商的相关信息，这样的发布形态被称为"承保点"（Underwriting Spots）。依据联邦通讯委员会（Federal Communications Commission）的规定，在承保点中只能口述公司口号、产品或服务的简单描述，联系信息（包括网址和电话号码）。除此之外，NPR不能提供盈利实体的产品或促销信息。从听觉感受上，这样的赞助商信息往往显得过于土气，既无背景音乐，亦无主持人精心的口播，只是主持人一带而过，却给人朴实的感受。

尽管频道包装和宣传信息略显朴素，但在节目内容上，NPR始终坚持高标准。NPR有两档重点新闻栏目，在全美长盛不衰多年，几乎每一家成员台都会全程转播。其中，早高峰的节目名为"早间版"（Morning Edition），晚高峰的节目称为"周全思考"（All Things Considered）。截至2017年10月，两档节目在驾车高峰时段分别有1463万和1460万受众。而这些数字还不包括在线收听和从podcast等在线端口下载收听的群体，足见两档栏目在美国深入人心。

"早间版"始创于1979年11月5日。周一至周五工作日早高峰期间，每天两小时为公众放送新闻和深度报道，内容涵盖科学、艺术、商业、体育和政治新闻。在节目当中，会采访新闻当事人、政要、专家，发表时事评论，等等。由于美国东西部之间有多个小时的时差，因此，节目在不同时区播放时间亦有所不同。但基本上，各个成员台会按照自己的时间将两小时节目完整播放，一些成员台甚至重播一次或多次。节目在周六周日的版本名称为"周末版"。2014年11月17日以来，"早间版"节目样态基本固定如下：

每小时开篇60秒，为本时段"公告牌"，对接下来一小时的主要新闻进行简明扼要地点题或介绍。每天"公告牌"当中，会提到当天至少一个名人的生日或重要纪念日、重要活动等。某些成员台会把"公告牌"替换为当地版本，重点呈现本地新闻。

接下来的5分钟为当日重要新闻扫描，会把当天的重点新闻依据重要程度一一播报。许多成员台在4分钟时切入当地新闻。随后NPR将播放1分钟音乐，为地方成员台提供更多时间播报当地新闻、天气和赞助商信息等。随后，30秒大开始曲意味着节目正式开始。

第一部分，"A"板块，聚焦当日最重要的新闻。既然是当日最重要的新闻，某些情况下第一小时和第二小时的A部分话题常常相同，只是同一新闻的不同视角或不同呈现。A部分一般持续到当前时段的18分结束，随后有1分钟的音乐铺垫。同时，在A部分当中，也会有1—3分钟间隔，为成员台留有空间，以便插入当地气象、交通和赞助信息。在19分和后半小时的42分时段，新闻播报员将播出即时信息和资讯、听众邮件反馈、问答等稍微轻松的话题内容。当前时段22分30秒节目开始播出"B"话题，通常包括专题、评论或较长的采访。B话题将在30分时结束，通常以稍后重点节目预告或有趣的资讯结尾。这样的报尾内容很重要，因为30分钟截止前许多成员台会把信号切回NPR的全国信号。因此，半小时内容结束前，播音员会播出呼号："这里是NPR新闻栏目'早间版'。"

在31分时，NPR会播出两分钟音乐，以供成员台播出新闻、路况、气象等内容。随后在35分时进入"C"话题，"C"话题以新闻和文化内容为主，通常持续7分半钟。一小段资讯之后，在45分35秒"早间版"进入"D"时段。"D"时段通常由两三个话题组成，大多为健康新闻、国际新闻或国内新闻的最新进展。在51分30秒时，"E"时段开启，持续7分29秒。第一小时的"E"时段，通常由国际财经话题构成，而第二小时的"E"时段由文化、怀旧、软新闻故事组成。2014年11月开始，NPR给予成员台"E"时段更多自主权。一方面，可以播出第二小时"E"时段的相关内容，以取代第一小时的专业财经类内容。另一方面，NPR专门制作多个"早间市场报道"（Marketplace Morning Report），提供给成员台在合适的时段播出。

每天清晨，NPR都会专门制作好相应节目，发送给各个成员台，并附上节目的详细时段信息。各个成员台可以根据自己的情况，相应安排本地内容的播出。可以看出，这样一档节目，既涵盖了当天的重要新闻和资讯，有多个深度板块涉及政治、财经、文化、国际等内容，同时也兼顾了受众对于本地资讯和交通气象等服务信息的需求，在早高峰时段成为受众的不二之选就非常容易理解了。

与"早间版"（Morning Edition）播出样态基本一致，"周全思考"（All Things Considered）是NPR在晚高峰时段打造的一款新闻栏目。事实上，"周全思考"开播于1971年5月3日，是NPR推出的第一档新闻栏目，距今已经有近50年的历史了。一档新闻栏目能够在50年里锁定几代美国受众充分说明了其实力。没有过硬的新闻内容和孜孜以求的新闻态度，是不可能做到长盛不衰的。

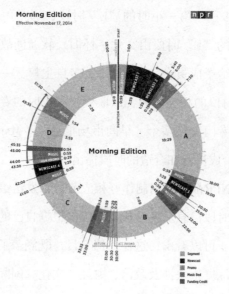

NPR早高峰新闻栏目"早间版"（Morning Edition）时段图

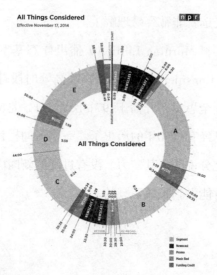

NPR晚高峰时段新闻栏目"周全思考"（All Things Considered）时段图

　　事实上，在NPR像这两档新闻栏目一样具有超高人气的节目还有许多，例如"新鲜气息"（Fresh Air），"此时此刻"（Here & Now），

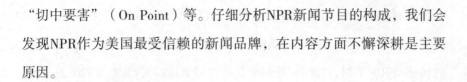

"切中要害"（On Point）等。仔细分析NPR新闻节目的构成，我们会发现NPR作为美国最受信赖的新闻品牌，在内容方面不懈深耕是主要原因。

（一）时效、时效、时效

每天早上，最早的NPR成员台5点即播出"早间版"（Morning Edition）节目，这就要求NPR的编辑记者通宵达旦地编辑制作节目，往往把最新鲜的内容在当天早上呈现给受众。在这样一个资讯丰富的时代，假若传统媒体在时效性上打了败仗，则根本不可能在其他方面弥补。NPR的新闻往往速度最快、时效最新，这是其安身立命之本。多年来，NPR在新闻时效方面形成了较完备的体系，对于突发新闻等内容能够第一时间对节目作出调整，随时改变。例如，其"早间版"（Morning Edition）的两位主播，常常会确保节目全部给成员台发送完毕后，依然至少有一人在直播间中值守，以防特殊情况或突发新闻出现，及时对节目做出调整。而另一人则可以暂时离开，采录未来几天可能会关注的新闻或话题。

新闻时效从另一个视角来看，是新闻选材的独特视角决定的。有些新闻虽然表面上看并不很受关注，但事实上却在深入调查、精心编辑后，凸显新闻的重大性。NPR新闻选材的视野很宽，视角独特，往往能够在时效稍显滞后时突出第二落点或展现独特观察，这是NPR在竞争中屹立于不败之地的重要手段。

（二）广泛的新闻信息来源和网络

NPR在全国有一千余家成员电台，在全球有记者网络，这让NPR在新闻素材和来源上永远具有选择权和丰富的甄选空间,不会面临"无米下锅"的窘境。作为覆盖全美的公共广播,NPR的成员电台一方面选择性转播NPR的节目,同时付给NPR会员费和节目购买费用。以2012—2014年的两个财年为例,来自成员台的节目购买费用和会员费占到了NPR全部收入的39%,是第一大贡献者。另一方面,一千余家成员电台中,虽然每家电台的人手并不多,但常常能够提供重要的新闻线索。一些成员台甚至能够派出记者进行深度调查,并提供给NPR重要的调查类广播新闻或广播特写。成员台的贡献,能够让NPR的触角深入美国的各个地点,让新闻来源更加丰富,内容更加扎实。从这一点来看,成员台是NPR正常运营的重要经济来源,也是其不断发展的持久保障。这样的联盟关系,让广播电台在新媒体时代能够抱团取暖,在竞争中展现独特优势。

(三) 不断靠近新闻的核心区域

如果说当事人是新闻的核心,那么见证者、经历者则是靠近新闻核心区域的人。在NPR播放的大量深度报道当中,采访当事人、见证者、经历者近乎成为标准配置,这让节目更具可信度,同时能够呈现大量其他媒体无法企及的新闻内容。尤其是NPR一个话题常常有7—15分钟的体量,可以在相对较丰富的时间内让当事人、见证者、经历者深入地谈及故事的细节和感受,这让每一篇录音报道都扎实、深入、打动人心。

与此同时,NPR的录音报道往往会辅以实时电话连线,这些连线成为节目内容的重要组成部分。有些政治性话题,无法采访到相应的当事人,那么最靠近新闻源、最具可信度的专家、学者、官员则成为新闻的重要补充。由于NPR总部坐落在美国首都华盛顿特区,因此无可比拟的政治资源成为NPR的宝贵财富。在电话连线中,美国各政府部门的官

员、国会议员等都成为节目连线的常客，也让话题能够更深入、可信度
更高。

二、不断打通数字传播渠道

作为重要的新闻品牌，NPR较早前就开始关注信息时代变化和新技
术、新传播平台可能给新闻媒体带来的变化。与众多媒体在信息时代
的转型不同的是，NPR在传统广播业务并未受到冲击，整体运营极其良
好的基础上开始其数字化转型之路的。根据NPR的研究数据显示，91%
的美国人依然在听广播。受众可以在做任何事情时都不受影响地伴随
性收听广播，这是其他媒体无法比拟的。12岁以上各个年龄段的美国
人收听在线广播的比例仍在不断增长。正因与此，NPR前数字媒体总监
扎克·布兰德（Zach Brand）曾说："数字媒体并未蚕食传统广播的地
盘，因此任何在数字广播领域的新拓展，对于NPR而言都是扩大受众群
的举措。这样的举动是前瞻性的，因为受众正在向移动端转移，NPR要
想继续成为美国文化的一块试金石，就必须启动这样的转型。"布兰德
同时表示："NPR肩负着另一个责任，因为NPR同时还是美国公共媒体
的一面旗帜。"

经过多年的开拓和耕耘，NPR在数字媒体方面的探索是极其成功
的。当前，NPR官方网站NPR.org的月度访问量达到3820万；在NPR
的iphone、ipad和安卓客户端上，每月有250万访问用户；NPR的播客
访问量每月达到1660万。此外，NPR还在开放应用程序接口（Open
API）、社交媒体和车载等新媒体业务刷上大量投入。法斯特公司
（Fast Company）曾评价NPR是"美国最成功的传统媒体和新媒体兼营

品牌"。玛西宝公司（Mashable）评价NPR是"为数不多能够在社交媒体渠道上也保持领先的传统媒体机构"。

NPR开拓数字传播能力缘何取得成功？在强手如林的美国数字传媒领域，怎样才能打开一扇大门？仔细盘点，NPR的努力能够取得成功，源于以下几点。

（一）适时而动，坚定不移投入数字化发展之路

NPR数字传媒的发展，始于20世纪90年代。1999年，NPR成立了一家名为公共互动（Public Interactive）的独立营利公司，目的就是"触网"——通过互联网为成员台和电视台提供更优质的服务。2004年6月，公共互动公司被国际公共广播公司（PRI: Public Radio International）收购，变身为一家非营利性质的公司。截至2008年7月，这家公司已经拥有170名企业客户，涵盖范围包括325家公共广播电台或电视台以及Car Talk, The World和Tavis Smiley Show等各种类型的传媒机构。当月底，NPR决定从PRI手中将公共互动公司（Public Interactive）购回。2011年3月，NPR宣布重组，将公共互动公司改制，专注于为NPR提供数字传播服务。

在发展过程中，NPR并不怯懦于运用新技术手段。其数字新闻发布系统的技术骨干是建立在开源内容管理系统Drupal上的Core Publisher。此外，NPR还充分利用脸书（facebook）和推特（Twitter）等社交媒体推广NPR的内容。NPR曾经做过一项调查，在一万多名受访者中，NPR发现其推特追随者往往较广播听众更年轻。与此同时，67%的推特追随者既在收音机上收听节目，也在社交媒体上了解NPR的内容，这些给NPR开拓社交媒体的阵地以极大信心。据此，NPR建立了多个推特账号

并形成了矩阵——既包括新闻账号、专题账号，也包括特定演出的账号和主持人的账号等。多数NPR的粉丝，关注了2—5个其官方推特的账号内容，极大地拓展了NPR在网络空间的影响力。在脸书上，NPR的大学生听众杰夫·坎贝尔（Geoff Campbell）建立了NPR的账号，在2008年NPR很快接管并把它作为了官方账号，在两年时间内将其拓展到400万粉丝的规模。此外，NPR还在视频网站YouTube建立了专门频道，定期播放涵盖新闻和专题的相关视频节目。

可以看出，NPR在数字媒体蓬勃发展的过程中，"主动而为"多于"迫不得已"。在互联网进入视野的情况下，NPR不是因为看到了"生存压力"而转型，而是看到了"发展空间"而转身。一步步努力和坚持让NPR能够始终保持良好的品牌影响力，在数字化时代依然处于竞争中的优势地位。

（二）打造适应媒体融合发展需求的一体化生产模式

媒体融合的关键，不在于资本相融，而在于新闻产品生产体系的革命，在于"中央厨房"的建立和采编播一体化的格局。NPR的数字化发展，始终坚持在管理层和员工层面深入推进革新，使适合新媒体发展的编辑部逐步建立，这成为NPR在互联网和移动互联领域不断取得成绩的关键。

首先在管理层面，NPR不断调整管理层的岗位职责。一方面，首席运营官在统筹全局时，重要的岗位职责就包括制定和实施NPR数字化发展战略；另一方面，NPR专门创立了专职副总裁岗位，负责数字媒体和数字服务。2016年，NPR更进一步，设立了首席数字官（Chief Digital Officer）的岗位。首任首席数字官托马斯·哈杰尔姆（Thomas Hjelm）

曾在数字媒体领域有丰富的经历，在全国广播公司（NBC）和美国在线（AOL）工作多年。而像哈杰尔姆这样被NPR请来协助开拓数字化之路的"外来和尚"，近些年越来越多。哈杰尔姆在一次采访中曾经谈到NPR的数字化发展战略："NPR在持续生产传统广播节目。我们已经这样做了50年，我们也将继续坚持下去。事实上，NPR广播节目一直做得很好，同时广播收听率依然强劲，每天有近3800万人通过我们的会员电台收听我们的广播节目。但同时我们也想迎接挑战，我们有这么棒的广播资产，每天生产大量的新闻故事。这么多优质内容引发我们的思考，我们该如何打通新的渠道，让更多受众能够听到这些故事。"

除了管理层面，NPR在建立数字编辑部并加强与新闻编辑部整合方面做了大量工作。在2009年，NPR首先设立了数字化内容团队，包括数字化新闻记者、数字化新闻编辑、社交媒体编辑、视觉内容制作人员等岗位。数字化内容团队的主编，负责NPR的新闻内容在网站和移动、社交媒体等所有数字平台上的呈现。数字化新闻主编、副主编每天要与各个新闻组密切沟通合作，与采编部门的主管沟通，共同策划如何生产适合互联网平台的内容，然后传达给数字化制作团队，保证各个新闻报道组与数字化内容制作人员无缝对接、密切协作。

虽然NPR设立了数字化内容团队，但与新闻采编部门依然是"两张皮"，两个不同的部门彼此协调，总是在合作中存在缝隙。2014年，NPR进行了一轮较大的改革后，两个各自独立运营的编辑部最终合二为一，实现了一个编辑部、一条生产线、一个系统、面向多平台发稿的成熟系统。

在新闻编辑部的框架当中，一位主管负责统筹所有新闻业务，包括向传统广播和网站、APP、社交媒体等多平台供稿。编辑部内部采取两线管理体制，既有广播业务线的主编，亦有数字媒体的主编，两个角色互相配合，共同完成选题策划、记者调度和编辑审核等任务。同时，数字化媒体主编还要决定每天甄选哪些内容发布至哪一个数字化平台。足见，在核心指挥系统上，NPR已经实现了高度统一和一体化作战。

编辑部的编辑记者，有各自的角色和任务，他们被分为政治、商业、科技、艺术、国际、国内、华盛顿等新闻组。每个新闻组都是整合了广播和数字化人员的一体化生产团队，其中还包括视觉编辑、技术人员等。记者编辑要分别向各自的主管汇报并对其负责。假若稿件要在网站、APP或社交媒体做重点呈现，记者编辑还要向视觉团队负责人汇报。唯有精心包装和数字化呈现的稿件才能最终在数字平台呈现。

事实上，NPR打造一体化编辑部的努力一直不断推进，直至2017年动态调整依然在进行。2017年11月10日，NPR总编辑莎拉·谷（Sara Goo）在一封致员工的信当中，再一次宣布对编辑部进行微调，数字新闻编辑将更紧密地向各自新闻组负责人汇报。莎拉·谷在信中写道："调整的目的是让各组成员在内心之中比过去更加明确拥有'数字化'的概念，希望这样的调整能够让记者编辑就数字化新闻得到更明确的指引和更清晰的反馈。"

（三）精心打造"音频+"产品，精心锻造用户体验

NPR以音频和新闻见长，因此在信息时代如何将新闻和声音的两大优势转移到新媒体平台，是NPR一直着力思考和不断推动的工作。

首先，NPR致力于建立数字化线上平台，把NPR的"好故事"在网络端予以呈现。多年来，NPR逐步建立了NPR.org、播客、APP、移动网站、开放应用程序接口（Open API）、社交媒体、车载等数字平台矩

阵，并把精彩的新闻内容在这些端口予以呈现。与此同时，NPR的数字化团队不断开拓数字平台的规模，只要有新兴硬件产品出现，NPR就会开发相应应用去适配新平台。在全美，NPR最早和福特公司合作建立车联网项目，专门在福特汽车的中控台上通过NPR的客户端播放其新闻节目。同时，NPR还通过建立与苹果（Apple）、谷歌（Google）和亚马逊（Amazon）等公司建立合作关系，让NPR的节目在更广阔的数字平台中落地。

有调查显示，在美国通过数字平台收听广播节目的人群比例不断扩大。2017年，月度听众规模达到6585万人，平均每人每周收听14小时39分钟。在这样的大趋势下，NPR不断耕耘数字平台终将获得更大的听众群。

与此同时，NPR还注意到网络内容可视化的趋势和巨大空间。作为广播电台，NPR较早建立了专业的视频化团队，为优秀的广播节目做视频化改造和包装，并把这些节目呈现到网络平台当中。此外，NPR还积极通过Facebook、YouTube等社交媒体进行视频直播，吸引了年轻受众的关注。

由于广播电台缺乏视频化人才，2012年NPR雇用前《芝加哥论坛报》新闻APP主管负责新组建的图形和数据组，承担新闻APP的互动式内容制作。2013年年底，NPR又将该新闻应用内容团队，与负责图片、视频等制作的多媒体团队合并成立视觉团队。视觉团队与编辑记者密切合作，围绕新闻故事，制作照片、视频、图表、图形等视觉化包装素材，把广播和新闻产品改造成适合互联网传播，受年轻人喜爱的"广播+"产品。

2014年，NPR看到智能手机的巨大空间，投资1000万美元，打造其数字音频客户端并改造其新闻网站。这笔巨大的投入来源于骑士基金会

（Knight Foundation）、盖茨基金会（Malinda Gates Foundation）、华莱士基金会（Wallace Foundation）和福特基金会（Ford Foundation）捐赠的1700万美元资金，其中对于客户端的投入是重中之重。

NPR一共打造了两款客户端：音频客户端（NPR One）和新闻客户端（NPR News）。音频客户端NPR One于2014年7月推出，主要取代传统收音机的功能，让用户能够通过数据流量，收听在线广播或点听录播节目。NPR One能够根据用户的地址定位和收听习惯，为受众推荐相应内容。同时，NPR还不断改造这款客户端，使其适配不同移动端产品：Windows移动设备，网页浏览器，Chromecast，Apple Car Play，Apple Watch，Android Auto，Android Wear，Samsung Gear S2和S3，Amazon Fire TV以及亚马逊Alexa智能音箱等。

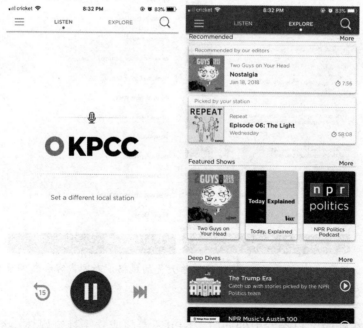

NPR One的直播页面以本地成员台节目为基准，点听页面则包括形态各异的广播节目

　　NPR的新闻客户端（NPR News）与音频客户端（NPR One）定位不同，两个客户端力求实现差异化。新闻客户端更多着眼于在移动端呈现好NPR的优质新闻资源，让新闻到达用户手中更迅速、更及时。与传统广播新闻相比，NPR News对用户的吸引力更大。广播新闻有稍纵即逝的短板，而手机APP能够让用户随时随地打开APP就可以浏览当前的重要新闻。在新闻客户端NPR News当中，不仅有文字新闻，也有音频内容。但其音频内容只是将广播节目中的相关录音新闻转移至智能手机APP平台。同时，新闻客户端中也有新闻节目的回听功能，可以让错过新闻节目的听众通过智能手机收听节目。

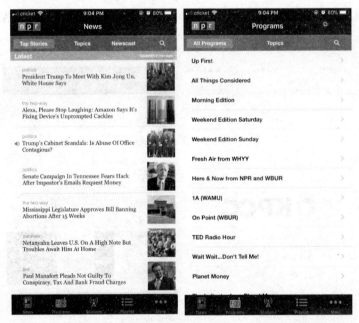

　　新闻客户端NPR News保持了简洁大气的风格，新闻内容和新闻节目点听成为受众使用频率最高的频道。

　　在新闻客户端发力的同时，NPR还专门成立了社交媒体小组，在主要的社交媒体平台上传播NPR的音频、文字和视频产品。由于内容丰富、制作精良，NPR的音频产品往往在社交媒体平台上也备受粉丝关注。在苹果播客（podcast）平台上，NPR更是拥有绝对竞争力。有数据统计，从苹果博客上下载NPR节目的月度数据为1660万次，牢牢占据第一把交椅。2017年，苹果itunes前20名音频节目年度排行榜中，NPR占据了8席，近乎无可撼动。至此，NPR的数字化布局取得了阶段性成果，"一次采集，多平台传播"的格局正式形成。

为了不再强调自己的广播属性，NPR在2010年对外宣布，将"有意识地把广播节目的呼号改为：这里是NPR直播和在线直播"。过去，NPR一直有一句响亮的口号："这里是国家公共广播NPR"。借此，NPR希望改变在大众头脑中"广播电台"的印象，更多突出其数字化平台的运营。

(四) 高度重视员工培训，培育数字化发展共识

在数字化转型的过程中，员工的理解、支持、配合和努力是必不可少的。因此，如何加强对员工的培训，创造有利于数字化发展的共识是NPR一直面临的课题。事实上，作为一家广播听众群不断增长，听众黏性相对较强的国家公共电台，NPR的数字化转型很容易面临员工不理解的窘境。与此同时，在任何组织机构当中，改变习惯的工作模式都是不容易的，也很容易带来负面情绪和效应。因此，做好员工培训是培育数字化共识的重要手段，这甚至关涉到NPR数字化转型的成败与否。

对员工进行数字化培训的另一个重要意义在于，NPR的员工当中，绝大多数传统广播记者和编辑都不懂数字化传播的理论和技术。尽管NPR在建立数字化团队的过程中引进了大批新媒体技术和设计人员，但假若广播记者对新媒体一窍不通，要想让他们和数字化团队无缝对接是

根本不可能的事。因此，如何让记者尤其是老记者掌握新媒体技术手段，也是一件颇具挑战性的事情。美国有一句俚语——你永远无法教会一只老狗新花样（You can't teach an old dog new tricks）。在美国社会，"狗"并非贬低他人的说法，宠物狗甚至被认为是家庭成员。而这句话所要表达的意思正是：给老员工培训新技能，结果往往令人失望。然而过去的十几年中，NPR的数字化培训却取得了实实在在的效果。

2007年9月，骑士基金会（Knight Foundation）赞助150万美元，用于NPR的数字化培训。NPR将其一分为二，一部分用于员工在加州大学伯克利分校的学习培训（UC Berkley），另一部分用于员工在南加州大学的培训（University of Southern California）。整体培训分为三部分：

（1）约600名NPR员工分批培训新音频生产系统和内容管理系统；

（2）40名高级管理人员和培训技师参与NPR数字化培训——"新闻编辑室2.0计划"；

（3）400名NPR记者、制作人、编辑和其他员工学习多媒体技术。

在紧锣密鼓的7周时间内，NPR的大批员工在加州大学伯克利分校系统培训了数字化技能，例如Flash技术、视频编辑、数字摄影、多媒体编辑，等等。2008年1月南加州大学培训项目亦启动，大约40名高管和业务骨干参与培训，目的是让他们深刻理解数字化转型的必要性，并通过他们改变更多同事们的想法，让共识慢慢形成。

然而，伴随着一系列培训渐渐拉开帷幕，许多员工在培训中感觉颇有收获，也有不少员工甚至高管人员认为这些都是"无用功"，悲观情绪和抱怨逐渐蔓延。一位高管曾经对培训人员直白地表达悲观情绪："我们这里没有人关注数字化内容。我们根本做不了，因为我们的技术设备太原始。我们需要一个新的内容界面系统。在这一点上，广播和报纸非常不同。报社的工作似乎什么都是自动的，而我们广播电台基本还处于劳动密集型生产模式。"

当然，在培训的过程中，许多记者编辑都有了新的体会。一位员工在结束培训返回岗位后曾经致信培训教员："今天是我们第一天返回工作岗位。我的思维已经发生了变化，过去我只会想怎么做一个音频故事的采访，现在大脑自然而然就想到了视频。我觉得下一个采访我可以同步制作一个视频。这样的想法自然而然就出现在脑子里了。"

面对培训所带来的复杂情绪，NPR通过不断做工作来谋得员工的共识。NPR同时意识到，要想把每一位记者都培养成全媒体人才是根本不可能的事情，因此技能培训只是数字转型的一部分，更重要的是要在员工的头脑中注入全媒体的理念。与此同时，许多员工的抱怨来源于数字化转型过程中劳动量的增加，NPR也通过不断变革优化流程，使员工的工作量保持在合理的范围内。更重要的是，NPR在数字转型过程中的一系列成就让员工逐步意识到这是一个正确的方向。伴随着时间的推移，变革越来越深入，员工的共识也越来越多。最终，员工对于数字化转型的共识成为NPR向互联网进军最重要的财富和资源。

在不断试错中寻找数字化发展方向

——《纽约时报》融合创新之路解析

  《纽约时报》（*The New York Times*，缩写作*NYT*），是由纽约时报公司创刊于1851年9月18日的一份报纸。原称为《纽约每日时报》，1857年9月14日改用现名。一直以来，《纽约时报》以严肃著称，是美国亲自由派的第一大报，在美国内战和第一次世界大战等重大事件期间，积累了越来越丰厚的口碑，并逐渐发展成为美国报业的旗帜性代表。

  《纽约时报》在纽约出版，全球发行，一直以来秉持"力求真实，无畏无惧，不偏不倚，不分党派、地域或任何特殊利益"的原则，目的是要打造一份严肃、庄重、富有教养的报纸提供给纽约的精英阶层。1999年《哥伦比亚新闻学评论》（*Columbia Journalism Review*）进行的一项调查现实，《纽约时报》位列《华盛顿邮报》《华尔街日报》和《洛杉矶时报》之前，是公认的美国第一大报纸。截至2017年，《纽约时报》总计122次赢得普利策新闻奖。

  尽管在读者中享有盛誉，但传统媒体尤其是报业，近年来遭遇了互联网强有力的冲击。美国皮尤中心的一项调查显示，近20年来美国报纸行业财务状况持续走低，2016年美国报纸发行量更是降至1945年以来最低水平。来自美国报纸编辑协会的数据也表明，美国纸媒行业新闻编辑部的总就业人数不断缩水，在10年中，下滑比例接近28.1%。

虽然作为享有盛誉的报纸，《纽约时报》在面对新媒体冲击时能够有一定抵御冲击和风险的能力，但与此同时却也难以独善其身。2000年，纽约时报公司年收入近35亿美元，广告收入达到25.1亿美元，利润超过6亿美元，达到其发展历史的顶峰。然而，在接下来的十几年间，纽约时报公司则经历了渐进下滑的过程。2006年、2008年和2011年，纽约时报公司三次出现账面亏损的情况。相较于2000年的巅峰时期，2012年纽约时报公司的营业收入累计下滑了约43%，营业利润累计下滑了约83%。其中，下滑最主要的原因是广告收入锐减，2012年广告收入为9亿美元，只是其巅峰时期的35%左右。与之相对应，报纸发行量锐减也可以从用纸量数据中可见一斑。2012年，纽约时报公司用纸量较2000年的最高点处下滑约69.5%。在近9年的时间里，《纽约时报》共计启动了6次裁员过程。

毋庸置疑，《纽约时报》作为传统纸质媒体，没有办法在新兴信息技术蓬勃兴起时避免下滑的尴尬。面对新兴业态的挑战，《纽约时报》必须主动变革，投身互联网的洪流，维持或挽救这块150多年来打造的传媒业品牌。然而在数字化转型的过程中，《纽约时报》与许多传统媒体的境遇相同，很难迅速摸准互联网一族的阅读习惯，难以找准市场定位，难以找到合适的战略切入点。更重要的是，《纽约时报》的主要竞争对手已经不再是《华盛顿邮报》《华尔街日报》《洛杉矶时报》等传统"老对手"，而是互联网时代多样化的资讯传递和获取方式。面对不断变化的新形势，《纽约时报》多次调整数字化发展的方向和角度，不断调整产品及经营方式，终于在"付费墙"经营模式中，找到了传统报纸与新媒体的契合点。以下，我们就详细盘点一下《纽约时报》的数字化发展之路。从《纽约时报》近几十年的调整和改革来看，可以把其数字化转身的过程，大致分成三个阶段：

一、1990年至2000年：启动全媒体发展的初步运营阶段

在大众的印象和概念中，互联网进入人们的生活是20世纪90年代末期的事情。然而事实上，《纽约时报》启动数字化管理和生产，比人们想象的时间要早得多。1980年代，《纽约时报》就启动了数字化生产模式，只是在其如日中天的时代中，这样的变革并非为了应对新媒体冲击，数字化平台的启用也更多着眼于优化报社内部的流程，目的是为了更好地留存报样和数据。

1996年1月22日起，《纽约时报》创建了纽约时报网站（nytimes.com），开始在互联网上每日发布新闻，提供在线阅读服务。在那个年代，《纽约时报》凭借其网站，提供了纸质报章无法提供的资讯或服务，例如，实时更新的天气预报、最新发布的服务信息等。在众多纸媒尚未触网的年代，《纽约时报》凭借先发优势和品牌影响力，迅速在报纸网络化的发展中表现出较强的竞争力和影响力。《纽约时报》网站的PV点击量也从那时起一路累积，到2000年前后已经成为全美较有影响力的新闻网站。

当然，此次"触网"并非信息时代的竞争情势所迫，而是公司采取整体分拆业务线并全面布局的结果。20世纪90年代，《纽约时报》整体经营状况良好。《纽约时报》的发行量在美国报纸中有着绝对领先性的地位。根据1997年的数据，《纽约时报》日发行量达到109万份，星期天的销售量更是达到167万份。《纽约时报》的广告收入等经营业绩也处于稳步增长的态势，公司整体收入平稳增长，利润稳健持续提升，年

收入平均增幅为5.05%。尽管纽约时报公司的业务环境稳定健康，公司发展处于"稳中有进"的状态中，但公司管理层依然希望实现更合理布局。

1995年，纽约时报公司在经营管理上，采取了梳理并分拆业务线的做法。纽约时报公司旗下的报纸、杂志、电视、广播等业务各自独立，分别运营，目的是让纽约时报的全媒体业务线更加丰富立体，形成了全媒体传播的格局。就是在这样的背景下，鉴于逐步成熟的互联网信息传播手段，纽约时报公司决定建立《纽约时报》官方网站（nytimes.com），布局日益增长的互联网信息服务。

当然，在20世纪90年代的媒介竞争的格局当中，《纽约时报》面对传统媒体相对有较强的优势，其互联网站也走在传统媒体数字化改革的前列。在多次评选当中，《纽约时报》官网和旗下《波士顿环球报》官网（boston.com）都成为美国报业公司新闻网站的佼佼者。尽管在此时，《纽约时报》网站的经营更多处于1.0的阶段——将报纸的优质内容平移到互联网空间。在海量的互联网信息洪流中，《纽约时报》网站也并不占优势。

数字时代的到来，比任何人的预计都要快。短短几年时间，数字媒体的增长就进入了快车道。美国在线（AOL）等互联网信息服务的网站，表现出咄咄逼人的态势。面对即将到来的"强势闯入者"，纽约时报公司重新定位公司的网络业务发展，并在1999年建立了数字时报公司（New York Times Digital）。该公司并无实体，只是虚拟运营的组织。在短短一年之后，纽约时报公司决定将虚拟公司改变成实体业务并独立分拆，整合公司旗下所有网络、数据库、数字音频、授权等电子业务，成立了公司旗下第四个独立业务板块"数字纽约时报公司"。

2000年，美国在线（AOL）与时代华纳（Time Warner）合并，引爆了全美的关注度。这样一个巨无霸的诞生，也预示着互联网新闻业务的竞争将达到史无前例的高度。更重要的是，此时纽约时报公司等传统媒体业务已疲态尽显，处于下行区间。许多专家断言，传统印刷新闻时代已经过去，数字化生存和发展才是未来的主战场。

二、2001年至2011年：压力下不断调整战略方向的阶段

2000年之前，纽约时报公司整体运营状态良好，品牌地位稳固。在发展战略上更多采取主动而为的态度，通过全媒体拓展战略，在巩固传统纸媒霸主地位的基础上，培育电视、广播、杂志和互联网业务。

然而，寒冬比预计来得更早一些。2000年纽约时报公司业务达到顶峰后，2001年起逐步进入下行通道，尤其是其核心纸媒业务遇到了新的竞争对手——互联网。无论是《纽约时报》还是《波士顿环球报》，发行量、广告业务和营收利润都出现下滑态势。在此情况下，纽约时报公司采取了一系列挽救性措施，遏制广告和营收不断下滑的局面，维护核心品牌的影响力，应对信息技术发展给传统业务带来的冲击。主要采取的措施有三方面：

（一）对旗下品牌进行梳理，剥离非核心资产，确保核心品牌价值

面对数字化冲击，纽约时报公司首先采取了一系列"去产能"的策略，目的是腾出手来更多维护核心业务。2001年1月31日，纽约时报公司将旗下杂志集团及《高尔夫文摘》（*GolfDigest.com*）的资产以4.35亿美元的价格出售给Advance出版公司，杂志业务彻底从公司的业务线中剔除。2007年1月3日，纽约时报公司又以5.75亿美元的价格出售了广播媒体集团，广播业务也彻底从公司的业务线中彻底消失了。售出杂志和广播业务后，纽约时报公司共获得10.1亿美元，而这些资源后期全部投入到核心业务和数字业务的拓展当中。

尽管采取了一系列降成本的措施，纽约时报公司传统核心业务依然难掩颓势。2006年、2008年及2011年三年间，纽约时报公司出现了净利润亏损的情况。为了维护公司财务健康，纽约时报公司采取了一系列操作，包括裁撤非核心业务和减少员工数量以削减人力成本、冻结管理层的退休福利补充计划、修订非工会员工退休金福利金计划，等等。此外，纽约时报公司还通过合并印刷厂，取消配送和电话征订等业务，挤干毛巾上的最后一滴水。

尽管如此，纽约时报公司的经营状况依然没有大的起色。2000年至2012年期间，纽约时报公司经营收入下滑达43%，尤其是公司营收核心业务的报纸广告收入，出现持续下滑的局面。2007—2011年16张地方报的广告收入总额锐减52%，纽约时报公司不得不动态评估公司的业务线，在不得已时果断出售成长性不足、缺乏战略意义的业务，以便腾出资金和精力对核心资产进行重组和优化。2012年，纽约时报公司将地方媒体集团旗下的16张地方报纸以1.43亿美元的价格打包出售。作为纸媒起家的一家公司，这样的变卖资产实属不得已而为之。

总之，在面临营收下滑之际，纽约时报公司对旗下资产进行审慎评估并出售部分非核心资产，使得纽约时报公司能够把精力集中到自己擅长的核心领域和手中的优质资产上，同时能够轻装上阵，全力拓展新媒体领域，创造新的增长点。

（二）对核心资产进行重组和优化，遏制《纽约时报》和《波士顿环球报》下滑态势，维护其影响力

2003年1月1日，纽约时报公司以6500万美元从华盛顿邮政公司收购了《国际先驱论坛报》（*International Herald Tribune, IHT*）50%的股权，随后将其与《纽约时报》整合成立"纽约时报报业集团"。此举的目的是做大《纽约时报》在原纸媒市场的影响力，扩充其发行范围，拓展其发展空间。

2004年，纽约时报公司改变2000年的初衷，将已经分拆并独立运营的"数字纽约时报公司"（DNYT）重新与报纸联姻起来。一年前刚刚成立的"纽约时报报业集团"借此联姻变身为"新闻媒体集团"。报纸与新媒体业务整合，方向和目的极其明确：为下一步拓展《纽约时报》等的数字发行做准备。

2007年8月，《纽约时报》启动报纸瘦身计划，将过去34厘米的报纸宽度缩减为30厘米。事实上，在过去十年间，包括《今日美国》（*USA Today*）、《华尔街日报》（*The Wall Street Journal*）和《华盛顿邮报》（*The Washington Post*）在内的许多报纸都启动了类似计划。《纽约时报》为了确保其品质，一直未采取类似行动。这一次，终于下决心进一步缩减成本。瘦身之后，《纽约时报》纸质版页面减少5%，能够在发行量减少的同时削减1200万美元的年度成本。

2008年10月，《纽约时报》进一步压缩成本，启动了缩减和合并页面的工作。在纽约地区出版的《纽约时报》中，都市版（*Metropolitan*）并入国际/国内新闻（*International/National News*）版面。周二至周五以及周日的报纸中，体育和商业版面也将合二为一。这样合并的一个显而

易见的好处是，《纽约时报》在印刷过程中能够将这几个版一次性付印，而过去这几个版面必须分别印刷。为了稳定员工情绪，纽约时报公司同时解释称，报纸的总印刷数量和员工人数将保持不变。

2009年，《纽约时报》再次一改过去传统严肃的面孔，开始在一些区域发行的报纸中加入广告页。10月16日，在北加利福尼亚州发行的报纸中首次出现了两页"湾区"的广告彩页。11月20日，在芝加哥地区发行的报纸中也出现了类似的彩页，其中大多数内容为当地新闻、政策、体育、文化短文，此外彩页中其他部分大量内容为广告。同年，《纽约时报》工作日的发行量首次跌落至百万份以内。

这一系列举动，皆是围绕纽约时报公司的核心资产和核心品牌展开，目的是尽最大限度留存《纽约时报》和《波士顿环球报》的用户，遏制报纸广告不断下滑的局面。与此同时，纽约时报公司还努力向数字读者不断延伸，力争通过增加数字用户订阅的数量，弥补报纸发行量的下降，甚至增加新的收入渠道。

2005年9月，《纽约时报》启动其网络付费阅读计划。在这项被称为"时报精选"（TimesSelect）的计划当中，用户需要付每月7.95美元或年度49.95美元的基础上才能成为在线会员，无限量阅读《纽约时报》的内容。许多此前免费置于网络上的专栏文章，也被一并列入收费之列。付费阅读计划对于报纸订阅用户、大学生和教师免费。然而这项收费一经启动，就收到包括《纽约时报》专栏作家尼古拉斯·克里斯托弗（Nicholas Kristof）和托马斯·弗里德曼（Thomas Friedman）在内的许多业内人士和读者的广泛批评。诺贝尔经济学奖获得者托马斯·弗里德曼毫不掩饰他对这项收费计划的厌恶："我讨厌这项收费计划。它让我的许多读者，包括例如来自印度的国际读者无法接触到我的文章，这让我深感痛苦。我感觉收费计划把我和我的读者完全割裂开来……"

尽管遭到反对，收费计划还是持续进行。然而许多博客作者为了规避收费，却常常把收费文章转发到免费网络平台上，供网友阅读。2007年9月17日，《纽约时报》不得不宣布放弃这项收费业务，将文章等资源免费开放。纽约时报公司此举也被外界解读为进一步拓展广告空间的举动。事实上，收费计划虽然能够增加收入，网站的广告收益却因为流量不足而深受影响。《纽约时报》同时开放了1851—1922年和1987—2007年的在线报纸资料，供网友免费查阅。其深受好评的"优质填字游戏"（Premium Crosswords）继续以付费状态存在，每月6.95美元或年度39.95美元。

尽管纽约时报公司在数字化发展的阶段走了弯路，一些政策的调整未能赢得用户的青睐，甚至一部分业务出现了反复，但持续不断的投入还是为纽约时报公司赢得了进一步拓展数字业务的基础。有数据显示，截至2008年，纽约时报官网每年至少有1.46亿访客。2009年3月，在一项以用户数为参数的统计数据中，《纽约时报》网站位列全美第59位，报纸行业的第一位，其用户数甚至超过了排名第二位的报纸一倍多。截至2017年6月，《纽约时报》网站在Alexa统计的全球排名中位列第118位，在全美排名第32位。

在全力拓展网站业务的同时，纽约时报公司还于2006年组建了研发团队，着手开发移动端手机新闻产品及本地搜索产品。2008年，《纽约时报》开启了iPhone和iPod touch的移动在线版本，该客户端可以让用户将《纽约时报》的文章下载至手机上，即便用户在无法联网的时候，亦能阅读《纽约时报》的文章。2010年，安卓版客户端推出时，《纽约时报》客户端的总下载量已经达到600万。

移动客户端是纽约时报高度重视的领域，它改变了报纸每日出版的弊端，让新闻更加迅速地到达受众，也让《纽约时报》的用户群更快地增长。

2010年《纽约时报》又推出了iPad平板电脑版本。该版本起初所有内容全部免费向读者开放，同时以网页广告的形式创收。一年之后，经营模式迅速转换成付费阅读的模式。《纽约时报》还是第一家开通在线游戏的美国纸媒，其与Persuasive Games合作推出了一款名为"Food Import Folly"（愚蠢的进口食品）的小游戏。

在线阅读另一个重要端口是纽约时报公司携手微软集团（Microsoft）于2006年4月在西雅图发布的"时报阅读器"（Times Reader）。此举是为了迎接移动互联时代的挑战，给读者更好的体验，同时最大限度锁定移动群体。不同于坐在台式电脑前打开网页浏览《纽约时报》的感受，"时报阅读器"更多倾向于在手机和平板电脑上创造愉悦舒爽的阅读感受。秉持这样的理念，"时报阅读器"把传统报纸的版式和风格移植到了移动端的屏幕上，通过阅读器浏览新闻，就像打开一份报纸一样。

2009年，纽约时报公司发布了"时报阅读器"的迭代版（Times Reader 2.0）。新版本着力解决第一代阅读器缺乏跨平台支持的问题，采用了基于Adobe AIR的技术，使其在Windows、Mac和Linux系统下都运行良好。然而在2013年12月，纽约时报公司宣布停止更新"时报阅读器"，鼓励其用户转而使用"今日报"（*Today's Paper*）客户端。两者截然不同的是，"今日报"客户端只有付费用户才能使用。足见，此举的目的是进一步鼓励读者成为付费用户。

尽管已经剥离了传统广播业务，但纽约时报公司还是看到了数字音频业务的巨大前景。2006年，《纽约时报》从2006年开始涉及数字音频业务。当年，《纽约时报》打造了《纵览时报》（*Inside The Times*）和《纵览时报书评》（*Inside The New York Times Book Review*）两款音频播客（Podcast）。然而在2012年，《纽约时报》停止更新了一系列播客内容。2016年开始，《纽约时报》再次启动音频项目，陆陆续续建立了一系列新播客，例如"和WBUR谈谈现代爱情"（Modern Love with WBUR）和"每日"（The Daily）。

从2001年至2011年，经过十年的努力，纽约时报公司数字化传媒业务实现了"从无到有"的发展。尽管传统纸媒在转型途中并非一帆风顺，期间遇到了各种各样的难题，《纽约时报》的不少改革措都经历了"推出——撤销——改进——再推出"的过程，但经过这10年的发展，纽约时报公司却实现了数字用户的原始积累，人才团队的初建，业务线的全面铺开。至此，《纽约时报》的数字化发展已经全面起步，初步形成了《纽约时报》纸质版、《纽约时报》网站（Nytimes.com）以及移动客户端等多种传播形式为基础的全媒体覆盖。接下来，《纽约时报》的发展要实现"从无到有"之后的"从有到精"。站在数字化生存的前沿,《纽约时报》急需找到适合自身的数字化运营模式,阻止营收的进一步下滑,甚至带来新的增长。

三、2011年至2018年:在"付费墙"模式中探求适合报纸发展的数字化运营模式

由于传统报纸的广告营收持续下滑,在可预见的未来没有明显复苏的迹象,2011年《纽约时报》启动了"计量付费墙"(Metered Paywall)收费计划。这项计划启动一年内,既获得了数十万用户的订阅和超过1亿的收入,因此被纽约时报公司管理层视为可进一步开拓的方向。

所谓的"计量付费墙"指的是依据网络用户阅读文章的数量收取来收取一定费用的模式。每个月每位读者可以免费阅读20篇《纽约时报》的文章,超过这个数字则要收取一定的费用。付费的数字会员可以根据自己阅读文章的数量购买不同套餐,每月15美元至35美元不等。对于新加入的会员,则较大的优惠促销力度,用户第一个月仅需付99美分。订购了《纽约时报》纸质报纸的读者,则无需付费直接成为数字版的会员,可以免费阅读网络上的文章。

2012年4月,纽约时报公司更改规则,将免费阅读文章的门槛降低至10篇。这一"付费墙"模式的好处是,一方面可以让偶尔登录《纽约时报》网站的读者"吃到免费的午餐"——当然,这世界没有免费午餐,少量阅读的读者带来的是网站的流量,可以通过网站广告来变现。另一方面,喜欢大量阅读《纽约时报》文章的读者将会付费成为数字会员,给《纽约时报》带来用户订阅的经济收益。此外,《纽约时报》的

头版内容和一些版面的重要文章，依然对读者免费开放，为的是保持《纽约时报》在资讯领域的影响力。

尽管《纽约时报》曾经启动收费计划，后来不了了之，但这一次"付费墙"计划却带来了不一样的结果。2013年1月，《纽约时报》公共编辑玛格丽特·萨利文（Margaret M. Sullivan）宣布，《纽约时报》在历史上第一次实现了订阅用户收益超越广告收益。2017年12月，《纽约时报》再一次调整政策，免费阅读文章的数量由10篇再度缩减为5篇。对于此举，纽约时报公司一位执行董事称，这是因为数字订阅需求蓬勃增长所带来的效应。事实上，截至当月《纽约时报》已有超过350万数字和纸质订阅用户，每月有超过1.3亿读者。这一数字超过了2015年的两倍。2018年2月，纽约时报公司财务报表显示，数字订阅用户数已达260万，数字广告的收入也大幅增长。

《纽约时报》"付费墙"模式的成功引发美国传媒业界的诸多思考，许多纸媒也效仿《纽约时报》的做法，建立"付费墙"计划。2013年皮尤中心的一项调查显示，1380家受调查的美国日报中已有450家采用了付费墙收费模式。

如果说"付费墙"只是运营模式的探索，那么如何运用新兴的技术手段推动优质新闻内容的生产，则同样重要。受用户需求驱动，《纽约时报》把数字化内容生产的重点放在视觉新闻领域，通过编辑部的深度整合，报纸记者和数字媒体编辑能够有效合作，使传统纸媒的文字能够变成音、图、文、视频相结合的互联网新闻产品，同时辅之以互动性和趣味性，让报纸新闻"活"起来。

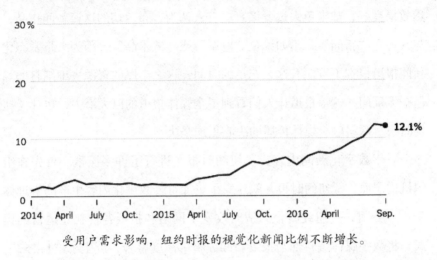

Share of stories with deliberately placed visual elements

受用户需求影响，纽约时报的视觉化新闻比例不断增长。

2012年12月，在《纽约时报》网站上，一篇融媒体报道《雪从天降：塔尼尔科瑞克的雪崩》（*Snow Fall: The Avalanche at Tunnel Creek*）获得了广泛好评，一周内的浏览量既超过350万。这篇报道讲述了当年2月在华盛顿卡斯卡德山区一场雪崩造成三人死亡的悲剧故事。为了撰写稿件，该文作者约翰·布兰切（John Branch）采访了罹难者家属、当天的幸存者和专家。为了了解雪崩的情况，布兰切甚至亲自穿上装备，测试滑雪的真实情况和相关数据。更重要的是，这篇稿件获得了新媒体部门的大力支持，多位新媒体编辑与布兰切一起合作，制作视频、图片、动画、音效，使新媒体内容与文字内容有机结合，给受众以极大的代入感、互动感和强烈的冲击力。整篇稿件的采写和后期制作，一共花费了6个月的时间。

稿件一经网络发布，既受到广泛好评。读者认为，这篇稿件充分说明新兴媒体技术手段能够弥补纸质报纸的不足。当年4月，布兰切获得了普利策新闻奖的年度特稿大奖。但与此同时，这篇报道也引发了广泛争议。一些传媒业界人士认为，花费6个月的时间去打磨一篇稿件，虽然效果良好，却未免太过奢侈。更有人认为，布兰切的这篇新闻作品，与其说是"新闻"，不如说是"电影"或"艺术品"，因为大量常态化新闻报道根本不可能有这么充足的时间、这么丰厚的资源去细细打磨。但毫无疑问，这篇报道让人们看到了全媒体报道的巨大潜力，也让《纽约时报》深耕融合媒体传播的决心更加坚决。

对于数字化新闻内容，《纽约时报》进行了许多探索。首先在组织机构层面，《纽约时报》就建立了更加符合数字化内容生产的管理体系。一方面，《纽约时报》适时改变了网络和报纸各自独立运营的模式，将数字媒体编辑部与报纸新闻编辑部深度整合，产生了"1+1>2"的效果。另一方面，纽约时报公司还专门设立了以"互动新闻技术部"为核心的自主研发团队。在纽约时报网站中，设有一个名为"特别策划"的板块，并将这个板块作为新媒体设计制作的试验田，许多新颖的新闻产品都是在试验当中初露峥嵘，并逐步成为产品库中的样板。例如，"互动信息图"是《纽约时报》常用的报道模式和数字呈现手段。近年来，《纽约时报》大批量使用"互动信息图"来呈现远比报纸丰富的新闻信息，在奥运会、总统选举等重要新闻时刻，类似的信息图往往直观而简洁，同时拥有极大的信息量，极大地增强了用户黏性。

与此同时，纽约时报公司尝试各种组合方式，推出形态各异的数字新产品。例如，纽约时报公司尝试垂直包装，把报纸页面上多年推出的超过1.5万个菜谱搜集整理起来，在NYT Now中整体呈现，获得了许多居家客的青睐。此外，对于新技术手段，《纽约时报》也从"排斥"逐步转向"拥抱"。2015年11月，纽约时报公司推出一款名为NYT VR的虚拟现实客户端。通过虚拟现实技术，订阅用户能够以亲历的视角去浏览新闻，体验"带入"的感受。《纽约时报》的数字部门还曾研发出了机器人Blossomblot，运用人工智能技术加强文章的推广和传播力度。

《纽约时报》对未来的展望

经过十多年的努力，有着近170年出版历史的《纽约时报》站稳了脚跟，没有像其他一些地方性报纸一样跌落悬崖甚至惨败在数字媒体的面前。在信息时代到来的时刻，《纽约时报》不断调整试错，尽管走了一些弯路，改革出现了一些反复，但终于找到了适合自身发展的运营模式——付费墙计划。正如一位《纽约时报》的编辑坦言，"我们确实犯了很多错误，但这也是未来新媒体产品成功的必要经历"。自2011年以来，《纽约时报》订阅用户贡献的收益就超过了广告营收，可以说未来继续深耕数字领域无疑是《纽约时报》必须牢牢坚持的方向。

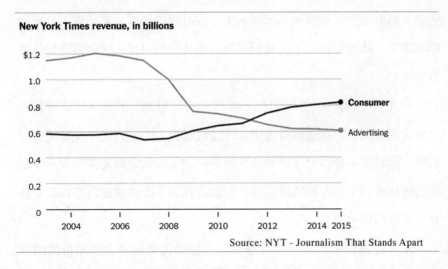

New York Times revenue, in billions

Source: NYT - Journalism That Stands Apart

《纽约时报》公司的广告业绩持续下滑，2011—2012年，网络订阅的用户数超越了广告营收业绩并保持持续增长态势。

尽管付费墙模式让《纽约时报》站稳了脚跟，但信息时代是一个不断变化、日新月异的时代。读者和受众的期待每天都在变化，技术创新的步伐也在不断加快，人们接受信息的渠道日益丰富，数字媒体的发展也与日俱进，任何一点点犹疑都可能导致裹步不前甚至错失良机，最终被时代所淘汰。

与此同时，我们也必须看到，报纸所面临的挑战丝毫没有减弱。根据美国皮尤中心的报告统计，2016年全美报纸（纸质和电子版相加）在工作日的发行量为3500万份，周日版为3800万份，这是自1945年以来的最低水平。2016年全美报业广告收入约为180亿美元，比2015年下跌了10%。尽管报社在新媒体业务方面不断取得进展，但仍远远填不上周转缺口。

正因与此，《纽约时报》会不定期推出一份深入调查的数字化研究报告。这份报告既审慎评估《纽约时报》所处的方位、所拥有的优势和劣势，同时也会仔细判断当前和未来一段时间的风口，更会做出政策判断和决策。从这份报告中，我们可以看出《纽约时报》深度推进媒体融合的决心。

在2017年1月，《纽约时报》推出了其展望2020的数字化研究报告《独立的新闻》。在这份报告中，《纽约时报》不讳言报社发展的良好态势，同时也不避讳可能遇到的危险——"《纽约时报》在当今不断变化的媒体格局中有着独特的优势，但假若我们不能快速地调整和改变自身，衰落将随之而来。"

在这份报告中，《纽约时报》将自身的优势阐释为新闻价值的核心——发布权威消息，澄清重要事实。尽管数字化时代汹涌到来，尽管纽约时报公司在互联网空间不断开拓和成长，但这些价值核心是《纽约时报》170多年来一直珍视的。报告认为，"这些品质促使人们订阅《纽约时报》精心策划的报纸。在今天仍然促使人们日渐拥挤的智能手机屏幕上给《纽约时报》客户端留下宝贵的空间，在声音嘈杂时登录《纽约时报》的数字平台去寻找事实真相"。无论数字化时代如何演进，优质的内容总是生存的基础和发展的起跳点。

2016年，《纽约时报》的记者从150多个国家发来报道，占据这个星球上80%的国度。同年，《纽约时报》的数字化平台共创收5亿美元，超过了《卫报》、《华盛顿邮报》和Buzzfeed的总和。《纽约时报》还是推特上讨论最多和谷歌上搜索最多的新闻媒体，这些都值得《纽约时报》的新闻人值得自豪。

然而与此同时，《纽约时报》依然面临严峻的挑战。报告坦言，"对于我们所取得的成绩，不足以让我们欢庆。我们还没有建立足够强大的数字化业务来支持我们实现雄心壮志。为了确保我们实现未来的理想，我们必须在2020年前大幅增加数字用户订阅的数量"。

在评估《纽约时报》的新闻作品时，报告指出当前《纽约时报》的几个重要不足。其一，是视频化新闻的比重仍然太低。在数字化移动时代的今天，短视频是新闻内容传播的王者。报纸如果仅仅满足于依靠文字来传递信息，则迟早要为时代所淘汰。其二，《纽约时报》的记者在综合运用各种数字化手段来丰富报道内容方面，依然存在不足。目前，《纽约时报》的新闻简报（newsletter）可以做到图、文、音频、视频和互动内容丰富，但更多的新闻产品却依然缺乏让人眼前一亮的新气质。其三，《纽约时报》的传统报纸理念依然太过深入人心。事实上，《纽约时报》推出的数字产品，例如"烹饪"（cooking）和"观察"（watch）等剑走偏锋的产品就受到了网络读者的极大欢迎。然而这样的多元化发展依然太少，围绕传统报纸的生产理念依然固化。其四，读者理应成为新闻生产的一部分。当今时代，新闻内容的生产不应"闭门造车"，而应当把受众的预期和感受纳入生产的闭环，在这方面《纽约时报》存在不足，理应建立新闻采编的受众拓展团队、分析团队和战略团队。其五，加大培训和新媒体人才招聘的力度。数字化时代的技术变革每天都在发生，只有坚持不断地培训和招聘，才能让人才队伍时时掌握最新技术手段和最新理念。其六，记者编辑与新媒体技术团队应当更紧密地融合。当传统媒体面对新媒体挑战时，只有让内容与技术、文字与多媒体、传统媒体与新媒体的团队密切合作，才能生产出满足受众预期、给予受众惊喜的数字时代信息产品。

严格的知识产权保护体系是驱动节目创新的关键 面向受众的内容生产机制是市场充分发育的保障

——美国在线音频市场发展现状及启示

伴随着智能手机日益成为人们生活中必不可少的工具，"在线音频"对大多数人而言已经从陌生的概念逐渐变得熟悉。尤其是近年来"蜻蜓""喜马拉雅""考拉""阿基米德"等在线音频客户端不断扩大用户规模，人们通过智能手机来收听音频节目也成为一种新的资讯接收方式和娱乐休闲方式。

音频信息服务，起源于广播的出现。无线电广播出现于1906年，而广播电台正式播出始于1920年。从那时起，人们接收资讯的渠道除了口口相传和报纸杂志外，广播成为最强势的传播媒介。它的即时性、伴随性、移动性等特征让广播迅速发展，成为大众普遍接收的信息传播方式。尤其是在第二次世界大战期间，广播的影响力达到了史无前例的峰值，也让资讯和音乐的传播变得更简单、更容易、更便捷。

如果说第一代广播依托于调幅信号，第二代广播则是调频的天下。由于其音质保真度高、传播效率好，调频广播迅速占据了市场，也让音乐电台等对音频质量要求较高的广播节目迅速找到了新的落脚点。20世纪90年代以来，互联网在全球范围内迅速普及，网民数量大幅激增，网络电台应运而生。一方面,网络电台改变了"你播我听"的被动收听广播电台节目的形态,让网友能够自己选择在何时收听什么样的节目。另一方面,网络电台不占用调频或调幅资源、不占用无线信道,因此可以无限量拓展电台的数量和节目空间。

进入21世纪以来,移动互联网络渐渐铺开,尤其是4G技术的发展,让受众依托于智能手机、平板电脑就可以随时随地收听音频节目,极大地方便了受众。至此,收音机渐渐成为历史,通过台式电脑收听音频节目的方式也逐渐被替代,通过智能手机等移动端在线收听音频节目为大众所接受,也催生了一大批网络在线音频APP的诞生。

这里必须说明的是"在线音频"与"数字音频"两个概念是有区别的。"数字音频"在广播技术术语中特指数字化转录和传输手段"DAB"(Digital Audio Broadcasting)。它更多强调了用数字化技术手段替代传统模拟信号的录制、传输和播出模式。这和我们所说的网络在线收听音频节目的概念有所不同。当然,时至今日对于"网络在线音频服务"或"网络电台"的概念尚无清晰界定。学者吴梅红认为网络电台就是"以宽带网络为载体,以音视频多媒体为形式,以互动个性化为特性,为所有宽带终端用户提供音视频点播、直播、录播、互动等服务的业务。它是在数字化和网络化背景下产生,是互联网络技术与传统广播技术相结合的产物"。北京大学新闻与传播学院陈玲则认为,"简而言之,网络电台就是即通过网络媒介进行音频广播。"

假若我们对"在线音频"作出这样的界定,我们就不难看出,在线音频事实上已经悄然进入我们的生活很久了。一方面,它包括形态各异的传统广播节目的在线直播或点播服务。另一方面,它也包括通过网络传播的各种各样的音乐、谈话、评书、相声、脱口秀等音频节目。此外，网友个人推出的网络音频节目或电台也属此类。一个普遍存在的现象是，在互联网蓬勃发展的过程中，无论是在美国还是在中国，网络音频都属于相对较晚发育的市场。文字和图片在互联网发展初期由于占用空间小、传输相对容易而首当其冲地成为信息传递的重要载体，推动了一大批资讯网站、新闻门户的诞生。伴随着互联网技术不断进步，网络视频随后蓬勃兴起。由于视频信息的丰富性，一大批网络视频网站应运而生并迅速占据了市场。只是到了近十年间，网络音频市场才逐步扩大。尤其是近几年Alexia、HomePod、小米音箱等智能收听设备以及车联网的发展，让网络音频成为又一个风口。无论在线音频的生产、传播和消费，都达到了史无前例的规模。

美国在线音频市场的基本情况

在美国曾经有一项调查，当人们所有的生活欲望都得到满足后什么样的需求会持续不断，答案有两个：音乐和爱情。单单从前者来看，音频的需求是美国社会和美国文化的一部分。因此，形形色色的广播电台和形态各异的网络音频服务往往能够充分发育，找到自己的市场定位并不断发展。纵然今天的信息行业高度发达，一些传统的音频广播依然能够有其生存的土壤和空间。

尼尔森的一项数据调查显示，在美国91.5%的12岁以上的受众每周都会收听广播。美国人收听广播的习惯，让传统广播有了丰厚的土壤。这样的收听习惯也很容易从传统广播转移到智能手机等移动端，让在线音频市场有了良性的生存和发展空间。一项调查显示，2016年13岁以上的美国人中有36%每天通过智能手机收听音频节目，与此同时无论是线下广播还是线上广播的广告收入都呈现迅猛增长的态势。

在线音频市场的蓬勃发展，让曾经深受互联网冲击的音乐产业有了新的增长空间。2016年，美国的在线音频市场有两首歌曲突破了7亿点击量。一首是Designer的*Panda*，达到了7.36亿次的点击量。另一首是Rihanna的*Work*，实现了7.16亿次的点击量。而点击量超过5亿次的歌曲有6首，比前一年增长了300%。虽然这样的数据反映的只是一首歌的受欢迎程度，但却折射出在线流媒体音频的发展趋势。根据尼尔森在2016年末发布的报告显示，当年美国播放的流媒体音频次数超过2510亿次，同比增长76%，占整个音乐消费市场的38%。嘻哈音乐和蓝调音乐的粉丝更偏爱在线收听流媒体音乐，这两种风格的音乐占据了所有在线流媒体音乐消费的22%。与之相对照，尽管摇滚乐是所有音乐消费中的老大，占据29%的份额，但其粉丝却并不偏爱在线收听，只占到流媒体音乐播放的20%。

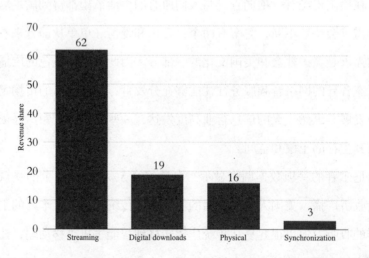

美国受众收听音乐的渠道当中，流媒体播放占比达到62%，而下载收听只占19%。

美国的日均流媒体服务歌曲播放量从2016年的12亿次上升到了2017年的16.7亿首，下载量却从2016年的7.34亿次下降到2017年的5.637亿首。"在线收听"和"下载后收听"的此消彼长，折射出人们消费互联网音频产品的趋势，也展现出在线音频市场的巨大空间。越来越多的受众愿意付费收听而不是在网络上搜索免费下载的音乐，这样的变化意味着深受互联网冲击的音乐行业迎来了新的生机，可谓"成也萧何，败也萧何"。

相比视频而言，在线音频的消费增长迅猛。2017年的统计数据显示，视频流媒体播放量较2016年有7.5%的增长，而在线音频流的播放量却实现了增长了82.6%，足见其发展潜力。

美国的在线音频市场之所以能够在近些年蓬勃发展，源于三点原因。其一是美国人收听广播的习惯一直较好地保持着。尽管在互联网时代人们接收资讯的渠道越来越多，但收听广播的习惯却一直顽强地存在着。全美广播协会媒体公关副主席丹尼斯·华顿曾说，"每种新技术的发展都曾为广播写下过讣告——从八轨道磁带到光盘到MP3——然而每次，我们都推翻了死亡预言"。其二是苹果播客等在线收听平台较好地培育了人们在线收听的习惯。有调查显示，在美国60%的播客内容是通过苹果的渠道下载和收听的。由于播客产业在美国有较成熟的产业链，无论是内容制作、发布还是下载等环节，都相对独立和完善，使得收听播客成为一些受众的生活习惯。其三是美国特有的汽车文化。美国自称为"车轮上的国家"，每千人汽车保有量达到797辆，位居世界第三位。由于在汽车上度过的时间较多，广播的伴随性很好地契合了美国人在车轮上的时光。

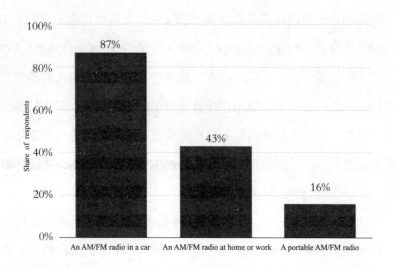

在收听广播的场景中，车载收听占到87%的比例，足见汽车文化对广播和音频市场的影响和支撑作用

当然，更重要的是，与传统广播相比，在线音频服务显然带来了新的价值和体验。

第一，依托于智能手机客户端或车载客户端播放，让收音机彻底成为历史，也更加便携。回顾历史发展，收音机的便携性是广播生存和发展的关键。尽管伴随着工业生产的进步，接收终端（收音机）的体积越来越小，重量越来越轻，收听质量越来越清晰，然而集合了多种功能于一身的智能手机，显然比收音机更便携，带来的效用也更丰富。依托于智能手机或车载终端的流媒体音频服务，显然要比通过收音机收听广播要更方便。

第二，传统广播"我播你听"的模式在新媒体时代已经过时，在线音频服务能够让受众对于收听内容有了更多控制，既可以通过APP选择自己喜欢的内容收听，亦可以通过下载等方式选择何时何地收听。

第三，在线音频的声音质量比传统广播更好，这对于音乐节目和要求较高的听众而言是至关重要的。广播节目质量的提升，曾经走过漫长的旅程。"70后"和"80后"小时候都有过坐在收音机前不停旋转旋钮，希望能够使喜欢的广播节目更清晰些的经历。这样的场景在调频广播出现后得到了改观。然而就音乐节目而言，调频的质量依然无法达到"发烧级"。20世纪90年代，美国出现了卫星广播，两家公司XM和Sirus互相竞争，推动了这块市场不断做大。卫星广播的出现使得CD级音质的广播节目能够不受地域的限制而加以传播。然而卫星广播过于昂贵的接收设备和会员费，让许多人望而却步。直到今天，移动互联技术不断完善，让数字化音频传输得以无障碍地实现，这对于音乐节目和发烧友而言，是极其重要的。

第四，在线音频服务能够提供广播无法提供的"附加值"。例如，一首音乐的相关背景，宣传海报，制作人信息，听众评价等内容往往是传统广播难以在音乐播放同时一并提供的，然而对于在线音频而言，这一切就显得很简单。又例如，许多在线音频APP都依托于用户收听习惯的大数据为其推介相关内容的音频产品，这样的服务是传统广播无法企及的。

第五，互动性大大增强。传统广播往往依靠听众热线来实现互动，但直播时往往只能接进一路电话，无法实现群体性互动。在线音频客户端则很容易实现大批量听众实时互动，有些客户端甚至提供社群服务，让喜欢某一类音频产品的受众能够彼此交流，增强收听黏性。

网络音频市场的主要竞争者

美国在线音频市场的主要竞争者大致分为三类。

第一类市场竞争者是传统广播电台将音频服务延伸至互联网，将传统广播内容在智能手机APP或平板电脑等设备中分发。这一类市场主体往往坚持电台的业务方向，不在业务层面做过大跨度的延伸，而是将品牌价值和传统媒体的资源优势在互联网层面更多展现。例如，美国公共广播公司（NPR）就推出了NPR One音频客户端，客户端上的音频内容基本与广播节目一致。与此同时，尽管在播客上，NPR有时会为网络制作专属内容的音频产品，但总体而言，NPR努力坚持其严肃新闻的风格不变，坚持在互联网平台延伸其调查性新闻的品牌价值。诸如此类的传统媒体还包括财经专业媒体布隆伯格（Bloomberg）。布隆伯格依托于其财经类广播节目，打造了一款在线音频客户端"布隆伯格广播+"（Bloomberg Radio+）。打开这款客户端可以看到，实时在线收听功能可以让人们第一时间了解股市动态等财经资讯。同时，布隆伯格财经广播的节目悉数陈列，让受众可以点击收听。除此之外，"布隆伯格广播+"客户端没有提供任何布隆伯格自制传统广播新闻以外的任何音频节目。对财经内容的"专注"和对自制音频产品的"专一"是其最大特点。

Bloomberg Radio+客户端，刻意展示了布隆伯格财经专业性的形象，努力推动广播与在线收听互相宣传和互相引流的效果。

第二类市场竞争者是各类投资者开发的在线音频客户端或网络电台。在线音频服务是一个门槛相对较低的领域，尤其是美国的播客产业链相对成熟，无论是播客节目的制作还是听众的规模和月活跃度都能够让这块市场充分发育。依托于这样的市场，许多投资者开发出特点鲜明、形态各异的网络音频APP，为受众提供音频收听服务。根据美国网络流量统计公司ComScore数据显示，截至2014年6月，"广播"类应用占到18岁以上美国人移动应用总使用时间的8%，排名仅次于"社交网络""游戏"和通用类别"其他"类，广播移动应用的受众抵达率高达70%。这样庞大的受众群体是任何投资人无法忽略的。

（1）潘多拉电台（Pandora）

潘多拉（Pandora）电台是一家提供服务的自动音乐推荐系统服务，由音乐基因组计划管理。用户在其中输入自己喜欢的歌曲或艺人名，该服务将播放与之曲风类似的歌曲。用户对于每首歌或好或差的反馈，会影响潘多拉（Pandora）之后的歌曲选择。在收听的过程中，用户还可以通过多个在线销售上购买歌曲或专辑。Pandora曾经是MSN电台的音乐提供商，直到2008年6月18日，MSN结束了他们的互联网电台服务。在IPO之前，Pandora拥有超过八千万用户并有来自八万艺术家的80万首歌曲。

在营收模式上，Pandora不断地寻找"流量"与"订阅"之间的平衡。起初，Pandora提供两种服务方案：收费订阅，则无需收听广告；免费订阅，则有40小时免费收听限制，超过时长则要收取0.99美元，电脑版不受这样的条件约束。2011年，Pandora曾经取消40小时上限。2013年，再度恢复这样的条款。

2008年，潘多拉（Pandora）濒临倒闭，随后以投资移动和车载应用新技术而再次崛起。截至2012年5月，潘多拉的注册用户达到了1.5亿，70%的潘多拉用户体验时间都来自移动终端。为了加强用户的移动体验，截至2012年年底，潘多拉在50款车型中植入了App应用。另外，潘多拉还在全美各地雇佣广告销售专员，与地方传统广播直接展开面对面的竞争，广告营收也直线上涨。

潘多拉（Pandora）的在线音频专注于音乐领域，依托用户使用习惯推荐歌曲。

（2）iHeartRadio

2018年年初，iHeartRadio申请破产重组的消息传来，许多人深感错愕。因为从收听感受上，iHeartRadio无疑是北美在线收听领域的佼佼者。2008年，两家私募股权公司联合多家金融机构对iHeart Media进行要约收购，并建立iHeartRadio在线电台，迅速占领了市场。

iHeartRadio采取联合方式，与850家各地电台成为合作伙伴，在线播放其直播或切片节目。同时，iHeartRadio还与数百家其他类型的在线或传统广播合作，为其节目提供平台。此外，在iHeartRadio的平台上，还有数千家机构生产的Podcast音频节目，使得iHeartRadio的节目类型丰富，收听体验较好。据不完全统计，iHeartRadio在全球范围内共有1.29亿用户，90多种数字和移动平台支持iHeartRadio播放。

  相对于其他在线音频服务客户端而言，iHeartRadio是唯一一家允许用户将收听电台的音乐直接下载并列入播放单反复收听的客户端，因此拥有大批粉丝。iHeartRadio的绝大多数服务都保持免费，只是"点听"服务（On Demand）需要用户订阅付费。多年来，iHeartRadio业绩不断增长，在股市也备受追捧。只是其诞生的时候，恰逢2008年金融危机，使其在资金链上一直吃紧，最终导致破产重组的厄运。

  在运营上，iHeartRadio通过一系列大型活动不断提升影响力。近年来，iHeartRadio组织了"iHeartRadio乡村音乐节""iHeartRadio拉丁音乐节""iHeartRadio音乐颁奖礼"等一系列活动，由于每次活动投入不菲，都能够请到当下热门的乐队或歌手参加，不仅能吸引大批歌手的注意，更是能够吸引传统电视机构购买直播版权进行电视直播，使影响力不断扩大。据统计，仅"iHeartRadio音乐颁奖礼"一项活动，就曾创下1650亿条社交媒体的讨论和跟帖。这无形之中扩大了iHeartRadio的影响力，也起到了引流的效果。

依托于数百家联盟电台和数千家Podcast合作机构，iHeartRadio的直播和点播内容都极其丰富。

（3）Audible

Audible是美国一家专注于在线听书的专业网络音频提供商。自1995年推出第一部有声书以来，Audible不断扩充有声图书库和广播剧的内容，多数内容来自各种有声书籍出版社、广播节目、娱乐产业、报章杂志及商业资料库。截至目前，Audible共有37.5万部有声数位媒体作品。

2008年，亚马逊集团看到了有声图书的广阔市场，花费3亿美元将Audible全资收购并利用自身平台加以推广和运营。各类畅销悬疑惊悚、浪漫爱情、古典名著、少儿文学、学习资源不断丰富，使得Audible平台的影响力不断增强。为了防止用户随意在网络传播其音频资源，Audible通过技术手段，切断未经授权的用户重复播放其音频资源的路径，使得独家资源得以独享。

同时，Audible还不断拓展国际市场，支持近40种语言图书的在线播放。2017年11月更是开通了中文图书悦听平台，为中文使用者们打造悦听体验，包含业界首屈一指的有声书库和丰富多样的广播剧选择。首波主打热门有声书与广播剧包括《鬼吹灯》《步步惊心》和《西游记》等。

在经营策略上，所有Audible新会员都可以拥有30天免费试用期，在试用期内自Audible免费下载并永久保留任何一部有声书或广播剧商品。当试用期截至后，会员则需付费收听有声资源。通常而言，用户付月费，可以下载收听一到两部有声图书。年费用户和白金用户则可以收听更多。对于白金用户而言，Audible甚至赠送一年的有声版《纽约时报》或《华盛顿邮报》。当然，为了体现社会责任，对于一些重要的政治演讲、"9·11"事件调查报告、国会听证会等则免费开放。一旦用户付费成为会员，用户下载的任何一本图书都将永久保留在用户账号中。用户可以在任何时候打开并反复收听。

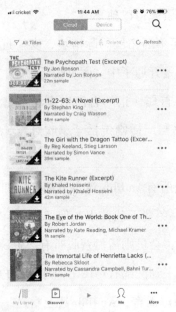

在美国有声图书有广阔的市场，Audible正是看准了这块市场，专注于有声图书的传播。在其APP中，常常提供节选（Excerpt）供用户收听，吸引用户付费并下载全版。

（4）Spotify（声田）

Spotify（声田）是一个起源于瑞典的音乐流服务，提供包括索尼音乐、百代、华纳唱片和环球音乐四大唱片公司及众多独立厂牌所授权、由数字版权管理（DRM）保护的音乐，使用用户在2017年6月已经达到1.4亿以上。

Spotify（声田）提供两档流媒体音乐：免费版和优先版。免费版可以让用户免费收听160码流的数字音乐，但同时必须收听收看一定量的广告。而优先版则向用户收取一笔月费，用户可以收听320码流及以上的高清音乐，并可以免收广告困扰。除了音质更好同时没有广告外，优先版同时允许用户下载音乐并离线收听。此外，优先版还有家庭套餐，允许六个账号都拥有"优先权限"，只是付费更高些。

除了在电脑或手机播放，Spotify也可通过蓝牙在一些厂牌的车载娱乐系统中操作播放，例如福特SYNC系统。

　　Spotify（声田）的付费收听音乐模式，倍受音乐制作人的好评。BBC音乐周刊主编蒂姆·英格汉姆（Tim·Ingham）说："不像购买CD或音乐下载，流音乐不是一次性支付金钱给音乐人，而是每一天数以亿计正在点击播放的流音乐流，迅速的提供音乐人所需要的潜在收入。这些收入提供音乐人稳定而长期的收入来源"。

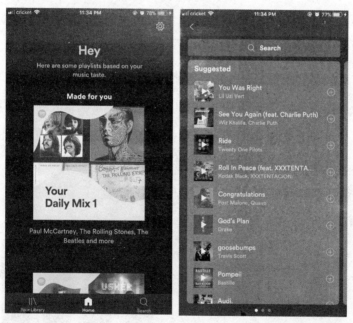

依据用户的收听记录给出相对精准的推荐歌单，是Spotify最受欢迎的因素之一。

　　第三类在线音频的市场参与者则是大大小小的私人网络电台。尽管没有技术支撑，也缺乏足够的运营实力，私人网络电台的数量却一点儿都不少。这类电台往往并不以创收为目的，而是发烧友或乐迷个人，通过社区网站提供的基础平台，提供用户个人喜欢的音乐，或推介个人喜欢的歌手。在国内，百度、腾讯等互联网平台亦为网友提供类似的基础平台，供网友建立私人电台。只是其影响力无法与商业化机构相比，只是作为娱乐和社交的方式存在。

车联网是网络在线音频服务争夺的风口

美国被称为"车轮上的国家"，据统计，美国平均每辆汽车年行驶里程为13746英里，约为22000公里，这个数字大大超越其他国家的统计数字。这也从一个侧面说明，美国人在汽车中度过的时间要远远超越其他国家的民众驾车的时间。

与此同时，由于驾驶具有危险性，需要驾驶人专注地操作汽车，因此广播被认为与汽车天然契合，其伴随性既不影响驾驶的安全性，又能够让长时间驾驶的司机放松身心，因此如何锁定驾驶员的耳朵和注意力，是众多在线音频服务商努力推进的方向。

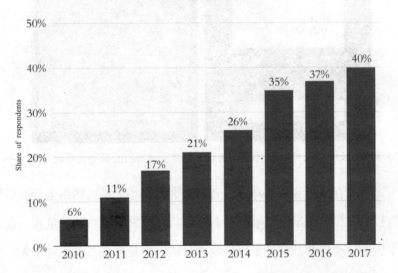

近年来智能车载收听越发为受众所接受，通过智能手机在车内收听音频的比例已达40%。

事实上，近年来互联网巨头在竞争中，常常争夺的是场景和入口，例如，人们的手机屏幕、平板电脑、家庭场景等。让自己的应用在这些场景中出现，往往意味着锁定消费者的注意力，进而能够使自己的产品得以展示、服务得以提供，同时也获取经济利益。许多互联网专家预测，下一个重要的场景之争将发生在家庭轿车的内部。根据Statistica的统计，在车内通过智能手机连接蓝牙设备的方式收听音频的司机，比重已经达到40%。下一步，假若网络音频服务商能够依托于车辆的中控台锁定驾驶员的注意力，则意味着锁定了更多用户，锁定了又一个重要的"入口"。

这当然也意味着传统广播将遭受更加严峻的挑战。一直以来，车内的广播是传统广播生存和发展的重要"堡垒"。由于驾驶员必须专注地驾驶，只有广播能够确保安全性的基础上提供信息服务。而当车联网成熟之际，"你播我听"的传统广播将被依托于大数据推送而提供服务的网络在线音频服务所替代。当前，网络在线音频服务可以提供下载后收听等服务，当通信技术和物联网进一步发展，车内实时在线收听将变得更加便捷。而当无人驾驶技术成熟并大规模应用之后，网络在线视频服务也将挤入"车载"的场景。

正因与此，近年来传统广播、商业广播、数字广播、卫星广播和数字音频流媒体都已意识到未来车载收听的重要性，并积极与车载厂商取得联系，美国公共广播公司（NPR）、潘多拉（Pandora）、iHeartRadio等公司都积极与汽车厂商携手，力争将自己的产品和服务挤入车辆小小的中控台中。美国麦格理资本（Macquarie Capital）预测，到2025年所有新车将实现联网。可以想见，这样的竞争将在未来若干年中持续不断，消费者将获得更丰富的内容、更低廉的价格和更优质的服务。

流媒体音频服务的版权争端

网络音频产品，无论是音乐、有声读物还是脱口秀节目，都属于文化产品的范畴，受到知识产权相关法律法规的严格保护。美国的知识产权保护源于1790年第一部版权立法，从那时至今，其版权体系皆围绕音乐作品的复制权和发行权构建。在此过程当中，知识产权的保护频繁遭遇新的挑战，新情况、新矛盾、新问题，各方的代言群体亦不断为了己方的利益不懈斗争，最终美国形成了制度较严密，规范较成熟，但相对庞杂的知识产权保护体系。

在早期，音乐产品的知识产权更多以歌谱作为保护对象。然而当广播电台出现后，音乐的商业传播也使得侵权行为不再以歌谱为对象。尤其是大规模卡带和CD录制普及后，早期的知识产权保护法律遭遇到了新问题，引发了美国立法机构对于相关法律的进一步完善，出台了"机械录制"的相关法律，以保护音乐人的权益和创作热情。

与此同时，由于工业生产时代音乐传播日渐广泛，权益人要想自己寻找证据并依托于法律去维权，变得难上加难。因此，美国应运而生了一系列集体代理机构代表音乐家和唱片企业收取费用或维护权益。例如，"美国作曲家、作词家和出版商协会（ASCAP）"就是美国规模最大、历史最悠久的音乐产权保护组织。它成立于1913年，目前其成员超过39万人，包括作曲家、作词家及各种音乐出版人，管理超过800万首音乐作品。美国作曲家、作词家和出版商协会（ASCAP）往往代表创作者的权益，与版权使用方协商并收取版税，维护版权所有者的利益。诸如此类的中介机构还包括"广播音乐公司（BMI）""欧洲戏剧作者作曲者协会（SESAC）"等。

美国版权保护体系下，权利人主要享有复制、创作演绎作品、发行、公开表演、公开展示作品这几项排他权利。1998年美国国会通过了《数字千年版权法》（DMCA），规定未经允许在网上下载音乐、电影、游戏、软件等行为系非法，网络著作权保护期为70年。强制许可版税由新成立的集体管理组织美国数字音频交易组织（Sound Exchange）收取，且每两年由相关产业主体协商确定版税标准。至此，人们所担心的互联网盗版侵权行为对于知识产权保护体系的冲击，在法律的不断完善下得到了修补和改善，数字化传播已经被完全置于知识产权保护体系之下。任何网络音频服务商使用版权人的音频产品，都将付费。

然而必须指出的是，美国的知识产权相关法律具有极强的两面性。

一方面，知识产权保护体系历经两百多年的发展，不断改进和完善，外延不断延伸，对于侵权行为的打击也极其严格。2007年，美国首例网络音乐下载侵权案宣判，明尼苏达州30岁的单身母亲杰米·托马斯侵权事实成立，被判向六大唱片公司支付总计约22万美元的赔偿。两年后，这起案件进行了重审，结果托马斯非法传播歌曲的侵权事实成立，法院判令她向6家唱片公司支付总计为192万美元的赔偿金，每首歌的赔偿金额高达8万美元。这一案件引发全美广泛关注。人们惊愕于案件判决的天文数字之余，也对美国唱片业协会和唱片公司等权益方努力维护制作人、歌手、出版商权益的决心感到触动。从2003年起，美国唱片工业协会开始为保护版权采取法律行动，先后对2.6万名利用文件共享软件下载和传播音乐的个人提出侵权起诉，绝大多数被告选择庭外和解，向唱片公司支付数千美元的赔偿，摆脱了法律上的麻烦。但这些案例说明，网络侵权在美国被划为严格约束的禁区，唯有在尊重知识和遵守法律的基础上才能够直面知识产权的问题并免收法律的惩处。

但另一方面，美国的知识产权法律和相关法规的建立，也是各方博弈的结果。许多规定并非从产业发展的角度考量，而是带有政治博弈的强烈色彩。最终通过的法律条款，常常带有强势一方所施加的影响力，法律的天平并不总是从大众利益的角度出发实现最终平衡。在广播电台逐步成熟并将广播信号传遍大江南北的时候，美国的音乐制作人、唱片公司和歌手等版权持有方不断推动，努力将更有利于自身的条款写进知识产权保护的相关法律。然而广播电台却采取强有力的手段抵制版权持有方攫取更多的版税，尽管录音制品作为音乐作品的载体，在20世纪30年代即已广泛使用，但正是由于广播组织等的抵制，录音制品版权仅局限于复制和发行权，而无法通过赋予公开表演权来控制播放和广播行为，录音制品版权直到1971年才首次在美国《版权法》中得以确认。

20世纪30年代末，ASCAP与广播公司的诸多版权合同即将到期。ASCAP以此为契机要挟广播公司希望能够签署更加有利于自身的新合约。在彼此矛盾不断升级之际，广播公司另起炉灶，决定建立自己的版权保护组织与ASCAP分庭抗礼。1939年美国国家广播协会（NAB）、联合国家广播公司（NBC）和哥伦比亚广播公司（CBS）创建了一个新的版权集体管理组织BMI。尽管BMI的起步比ASCAP晚，在发展初期也只是签署一些不知名的小歌手，但随着时间的推移，BMI的签约词曲作家、创作人、歌手和出版人越来越多。目前，BMI代表了约35万版权所有人的权益，其目录中大约有650万首歌曲。当然，作为广播机构推出的版权管理组织，BMI在版税和权益上对广播机构的倾斜可想而知。

进入20世纪90年代，互联网逐步进入人们的生活，越来越多的在线音频服务逐步崛起，与地面广播电台形成面对面的竞争并导致了大批传统广播受众的流失。在涉及数字版权立法方面，在线音频服务企业则不仅面对了版权人的强力维权，也面对了传统广播机构的挤压和挑战。1998年的新法案要求流媒体服务商同时支付机械复制权版税和表演权版税，这一点让很多数字音频企业大为不满。传统广播机构只需支付机械复制权版税，而不必支付表演权版税。这样的"区别对待"将让在线数字音频服务企业的成本大增。一些企业甚至威胁要将企业移至境外以规避缴纳天价税款的厄运。

一些对此境遇不满的批评人士和企业建立了"拯救数字电台"网站（SaveNetRadio.org），以倡导更低的版税和更平等的待遇。2007年6月26日，近乎所有主要的数字电台都停止广播一天，以示对版权问题的抗议。潘多拉（Pandora）CEO布莱恩·麦可安德鲁斯（Brian McAndrews）不无嘲讽地表示："互联网企业支付的版税高于有线电视和卫星广播电台，而调频广播电台一分钱都不用付。潘多拉一年拿出营业收入的近60%缴纳版税，而竞争对手Sirus XM只需拿出营收的8%缴纳版税即可。"

当然，伴随着传统广播机构纷纷开办数字播出平台，近年来流媒体服务商缴纳的版税不断下降。但与此同时，版税对于流媒体服务商而言，依然是一块沉重的石头，相关博弈也一直在持续。对于流媒体服务商而言，在商业战场搏杀的同时，在另一条战线也必须全力以赴，因为版税问题所带来的影响和困扰，不仅是发展问题，更是生存问题。

同时，两种观点之间的交锋和博弈也一直在持续，一种观点认为互联网的活力就来源于公开和共享，因此在知识产权的问题上，版税虽不可避免，但理应逐步下降并降低门槛，让更多的互联网用户享受到低廉价格的文化产品。另一种观点认为，知识产权是保护创作者积极性的有效手段，唯有严格的知识产权保护，才能让优秀的文化产品不断涌现，也才能让文化的创新创造成为源头活水。但无论怎样，美国的版权制度都在近200年的发展进程中不断完善，也在事实上较好地保护了美国文化产品的创造力。

深耕细作音频产品 优秀内容不断涌现

在美国，流媒体音频产品的竞争虽没有视频产品的竞争激烈，但优秀的内容产品也常常涌现。不同的流媒体平台除了汇聚优质的音频资源外，还会针对自己的定位和市场，花大力气深耕细作，创作出优秀的精神产品以在激烈的竞争中立足。

2014年，全美最受关注的视听产品不是电视剧、不是电影，而是一部广播剧*Serial*。开播于2014年10月3日，*Serial*在短短两个月的时间内下载总量即达到800万次，在"苹果iTunes播客下载量排行榜"中牢牢占据第一的位置。与此同时，这部广播剧还创造了无数的"第一"：*Serial*第一季平均单集下载量即超过百万；它是最快在iTunes上拥有500万下载以及在线收听量的播客；第二季回归时，仅仅一段预告音频就登上iTunes排名第一的位置；第二季回归的消息迅速引发社交媒体上粉丝的热议，媒体连番报道；已经有好莱坞导演联系该广播剧的制作人，欲将其翻拍成电影……

事实上，*Serial*不仅仅是一部广播剧的逆袭，更创造了一种文化现象。*Serial*的内容讲述的是一起真实的谋杀案所引出的长达数年的调查，制作方是芝加哥电台*This American Life*节目组，该节目组只有5名员工。该广播剧之所以成功，除了其悬疑、凶杀、爱情、生死、权利等要素外，更重要的是其独特的故事讲述方式和精到地利用各种声音元素：旁白、陈述、谈话、庭审录音……毫无疑问，通过广播节目制作手段的熟练运用，Serial给受众提供了一部耳边的饕餮盛宴。

多年来，无论是报纸、杂志还是电视、互联网，人们的视觉感受不断提升，视觉的过度开发带来的结果是人们注意力的下降和新鲜感的降低。而同时，在听觉感受的开发上，远没有视觉彻底。或许正因与此，当听觉讲述的方式发生变化，听觉的表现力提升后，人们会惊喜地发现，听觉给人们的刺激、满足丝毫不比视觉来得要差。用正确的方式讲述一个好故事，同样能够给人们带来极大的精神满足感。从这个意义而言，尽管广播已经有百多年的历史，但数字音频节目的开发，依然有巨大的潜力可以挖掘。

Serial的成功，一方面来源于精良的制作，另一方面来源于创新。在讲述方式上，节目带入了电视节目的"真人秀"效果。同时，加强与听众的互动。听众可以参与线索提供，参加线下讨论，使得受众不仅是消费者，也是节目制作的参与者。

与此同时，美国收听传统广播的人群占总人口的92%，而在线收听数码节目的人群只占15%，巨大的市场空间有待挖掘。近年来，播客异军突起，众多制作方加入其中，既包括传统广播电台，亦包括杂志、报纸和独立制作方。播客产业日渐成熟，也让更多平台摆脱了无米之炊的境遇。在播客平台上，制作精良、不断创新、赢得好评的音频节目一直不断涌现，这其中既包括广播剧，亦包括谈话节目和脱口秀等。流媒体音频平台也充分发挥资源汇聚和整合的作用，形成专题、版块、专区等，让受众获得更优质的用户体验。例如，当比特币成为公众热议的话题，美国大众投资者津津乐道于区块链和比特币等数字货币时，

iHeartRadio就不失时机地推出数字货币音频专区，吸引受众的关注。

iHeartRadio的"数码货币音频专区"集纳了大量有关数字货币的音频节目，既包括知识普及性的节目，亦包括相关财经动态和谈话节目等

当然，优秀的音频节目不断涌现，并不意味着美国的流媒体音频平台没有问题。事实上，大量的音频节目一经推出既乏人问津，很快石沉大海。许多传统广播电台推出的音频客户端，只是做广播节目的搬运工，未能根据数字时代受众的特点和数字传播平台的特点做出针对性的设计，使得节目死气沉沉，难以撬动市场的兴趣。当然，"内容为王"的理念也告诉我们，传统广播中的精品，同样能够在数字平台上吸引注意力，关键是要在内容制作和产品提供上，真正实现"供给侧"改革，真正俯下身去倾听受众的需求。

为了实现这样的目的，许多流媒体音频平台在创新创造上做足了功课。美国公共广播公司（NPR）专门组建了由45人组成的数字服务部门，通过对节目后台进行数据分析，为接下来的节目制作提供重要参考。另外，NPR还开放节目应用程序接口（Application Programming Interface），为受众、联盟台与其编辑员工提供了开源应用。声田（Spotify）、iHeartRadio、潘多拉（Pandora）都依托于自身实力或服务外包的形式，认真分析用户收听数据和使用习惯，并从中分析受众需求，不断改进节目的质量和水平。这些做法，真正改变了传统广播"揣度"受众感受的保守做法，让节目更契合需求，也带来更优质的受众感受和更广阔的市场前景。

美国流媒体音频市场发展现状带来的思考

一、严格的知识产权保护体系是驱动节目创新的关键

前文所述，美国的知识产权保护体系历经近200年的发展和完善，已经形成一整套相对完备严密的保障体系，知识产权保护意识在人们的头脑中业已形成，知识产权保护的商业环境日臻完善。由于具有相对严格的知识产权保护体系，流媒体音频市场也进入良性竞争的轨道，每一家流媒体音频服务商都恪守法律准则，同时在付费的基础上合理使用音乐等音频产品。更重要的是，相对完善的知识产权保护体系让各家流媒体音频服务商都倾尽全力打造独家的音频作品，力争通过节目的不断创新来吸引受众。

相对而言，中国的知识产权保护体系尽管在近些年中不断完善，但距法制化轨道尚有距离，盗版侵权等侵害版权持有者权益的事情时有发生。各个流媒体音频平台的节目也常常因此而同质化严重，独家内容严

重缺乏。无论是蜻蜓还是喜马拉雅的客户端中，大量盗用传统广播电台的节目。未经许可的情况下将电台节目以流媒体形态播出，这些做法都严重侵害了版权持有人的利益。

中国的音乐播放客户端，也常常随意盗取音乐版权人的作品，并在网络上传播。而安装有这些客户端的智能手机一旦走出国门，则任何的音乐作品都无法下载，这一现象充分说明国内知识产权的维权力度和惩戒职能未能充分体现。一旦法律约束更加严格，"坏孩子"就能变成"好孩子"。

盗版侵权的现象，短时间看能够让流媒体音频服务平台的内容更丰富，但从长远来看则极大地伤害了版权持有人的权益，扼杀了创造力和积极性，有百害而无一利。要鼓励更多优秀作品不断涌现，就必须扎紧制度的篱笆，让知识产权保护体系更加严格，成为竞争主体头上的"紧箍咒"。

令人感到欣喜的是，近些年中国的知识产权保护法律不断完善，版权保护意识不断提升，"免费"享用的文化产品越来越少，"付费"获取的优质内容越来越多。《2017年中国知识付费市场研究报告》显示：近两年中国知识付费用户规模呈高速增长态势，预测2018年知识付费用户规模将达2.92亿人，知识付费时代正在蓬勃兴起。这对于中国的流媒体音频服务市场和文化产业的发展都大有裨益。

二、面向受众的内容生产机制是市场充分发育的保障

尽管音频产品的市场相较于视频更小，但在美国传统广播的收听人群却保持高度稳定，这在一定程度上保证了流媒体音频市场有广泛的消费人群，要想让受众锁定自己的平台并成为用户，流媒体音频服务商就必须不断在内容上努力，满足受众不断变化的需求。在美国，各家媒体往往将注意力高度聚焦于受众需求，受众需要的内容就努力生产，受众不需要的内容就果断放弃，"用户体验"成为内容生产机制的核心和保障，这也让流媒体音频市场充分发育，走向繁荣。在传播类别上，这一点体现得尤为明显。无论是以播客为基础的脱口秀、谈话节目、新闻节目，还是专注于音乐的数字平台，抑或是以娱乐为目的的广播剧，都有源源不断的产品竞相涌现。

相比较而言，中国的流媒体音频市场是后起之秀，近些年发展迅速。无论是高晓松的《矮大紧指北》、梁宏达的《老梁说电影》和罗振宇的《罗辑思维》等栏目，都受到了极大的欢迎。然而单从产品的丰富度而言，确实与美国流媒体音频市场有差距。尤其是广播剧和访谈节目，产能严重不足，尤其是优秀产品乏善可陈。

广播剧的萎缩，源于20世纪90年代电视的冲击。伴随着电视机逐步进入寻常百姓的家庭，广播剧受到的关注越来越少，中央人民广播电台等传统广播电台的广播剧生产变得越来越弱势，更多资源投入了新闻、财经等节目。进入21世纪，广播电台掀起一轮"录播改直播"的浪潮，对节目时效性要求越来越高。在这样的背景下，前期投入大、录制时间长、播出效果不佳的广播剧生产受到了严重影响。多年来，许多广播电台不再生产广播剧节目，像《刑警803》那样令人持续关注、欲罢不能的广播剧节目江湖不再。

内容生产的本质，是"讲故事"。如何在打造音频产品的时候专注于讲好故事，是不断推出优质内容的关键。当前，中国的流媒体音频市场正在不断发展和崛起的进程中，需要围绕受众的需求，不断调研分析，并把受众的需求体现在内容生产当中。唯有把"受众体验"放在更重要的位置，才能让优秀的音频产品不断涌现，也才能让中国的流媒体音频市场不断发展、不断进步。

三、抓住技术核心 占领流媒体音频发展的制高点

对于在线音频而言，技术门槛并非主要矛盾。早在互联网进入居民家庭的互联网1.0时代，在线音频节目和网络电台就已经出现了。然而，伴随着移动互联网的发展，尤其是4G时代的到来，流媒体音频服务更加便捷、通畅，尤其是大数据的运用，让用户体验提升到另一个台阶。例如，声田（Spotify）能够依托于用户的收听数据，自动推介相关歌曲，让用户沉浸在喜爱的音乐类型或歌手的乐曲当中。iHeartRadio、潘多拉（Pandora）等客户端也充分利用大数据收集和分析来指导节目的制作，让音频内容的生产更加有的放矢。

相对而言，国内的蜻蜓、喜马拉雅等音频客户端，尽管内容也很丰富，却始终没有运用大数据手段为受众提供更加贴心的推介服务。用户需要进入各个类别，自己手动寻找喜欢的内容。在这方面，用户体验显然需要进一步提升。

在可预见的未来，5G技术将进行商业运用，车联网将在几年后走向成熟，新技术的突破毫无疑问将给流媒体音频服务市场带来新的冲击和新的机遇。谁能不断适应并应用新技术，谁就能在未来占得先机，并在激烈的市场竞争中谋得有利的位置。

目前，各流媒体音频服务商都在积极布局车联网。当前，囿于5G传输技术尚未商业化运用，车内中控台流媒体播放依然以下载收听为

主，流媒体播放尚无法提供完善、丰富的用户体验。然而，抢夺入口的竞争始终没有停止过。截至目前，iHeartRadio、潘多拉（Pandora）、声田（Spotify）等在线流媒体音频服务商都积极布局车联网业务，为明天的竞争打下基础。

当然，目前无人驾驶技术已经日臻成熟并在加利福尼亚等地进行合法路测，这样的技术一旦成熟，对于音频流媒体服务的杀伤力将是巨大的。无人驾驶技术将使得车内空间亦成为视频流媒体播放争夺的焦点，进一步挤压音频服务的空间，餐食传统广播和音频服务的地盘。

毫无疑问，未来的技术发展谁也无法预测，唯有提供最优质的服务，做出最具前瞻性的判断并积极布局，才能在激烈的市场竞争中利于不败之地。

适应、调整、改变

——媒体融合进程中员工角色变化的观察和思考

俗话说"谋事在人，成事在天"。任何的事情要想取得成功，一定要有人的积极参与和努力。对于传统媒体的数字化转身和媒体融合进程而言，更是如此。在商界，83%的并购或重组以失败告终，背后最主要的原因常常并非战略错误或技术性要素，而是企业文化冲突和员工的不理解、不支持所致。《福布斯》专栏作家乔治·布拉特（George Bradt）有一句振聋发聩的判断："一次并购成功或失败的根本要素是——企业文化"。换句话说，企业推进战略目标的进程中最重要的因素往往是"人"，而常常被忽略的关键要素也是"人"。

对于传统媒体的数字化转型而言，如何在推进媒体融合的进程中谋得全员的理解，统一全员的共识，让每一位记者、编辑、制作人员都能够成为媒体融合的支持力量而不是相反。更重要的是，在数字化转型的过程中，员工常常面临不可预测的组织机构变化。对于媒体融合这样的探索而言，无论是主动而为还是在数字媒体冲击下被动为之，其带来的变化往往容易给员工带来不适感，需要有针对性地加以沟通。

显而易见，媒体的数字化转型，不仅需要宏观层面的战略推进，也需要在微观层面让编辑记者不断适应和调整，尤其是全媒体人才的培养和全媒体团队的建设，并非一件容易的事情，假若员工的积极性未得到有效调动，这项工作将很难推进并取得满意的效果。正如乔治·布拉特

（George Bradt）所说的那样："十九世纪的领导更多强调'命令和控制'，二十世纪的管理更加重视'鼓励和托付'，到了二十一世纪领导们需要'倾听和解放'员工及下属"。

近年来，美国的传统媒体纷纷踏上变革的道路，开始探索数字化转型和媒体融合的前景，传媒学界和业界对于宏观层面的媒体融合有很多理论研究和观察思考，但相对而言，从员工的角度对传媒从业者适应和转型情况进行观察，并进行实践调研和理论分析的工作，相对较少。这恰恰是媒体融合进程中的短板。本文力争从案例研究的角度观察传媒从业者在媒体融合进程中的变化，了解美国媒体融合中"人"的因素对传统媒体数字化转型的影响，同时分析和探索传媒从业者角色、任务、工作形态的变化，以及培养全媒体人才和打造全媒体团队中需要关注的重点和难点。

案例：坦帕新闻中心

观察媒体融合进程中"人"的变化，最佳的切入点是美国佛罗里达州坦帕市的坦帕新闻中心。在美国传媒界，坦帕新闻中心的建立是带有标志性意义的事件，它第一次实现了多种传媒形态混编作战的体系，也被视为媒体融合的一次重要尝试。更重要的是，"背包记者"虽并非从坦帕新闻中心开始出现，但坦帕却被普遍认为是一次记者编辑转型并成为"背包记者"的全方位尝试。

相关背景

2000年3月，《坦帕论坛报》（*Tampa Tribune*）、NBC附属的WFLA

电视台和坦帕湾在线（TBO.com）三家传媒机构实现有效融合。三家机构的采编人员统一在一幢价值4000万美元、合计12万平方英尺的建筑中共同工作。这一事件引发了美国传媒学界的普遍关注，因其首次实现了多传媒跨平台融合。许多专家和传媒从业者甚至认为，这是传统媒体面对数字挑战必须采取的策略和路径。当然，亦有传媒业者持怀疑态度，认为这样的融合对于员工和团队的冲击以及企业文化的影响是巨大且负面的。然而，坦帕新闻中心的拥有者通用传媒公司（Media General）却对"全面融合"的方向坚定不移，其董事局主席J.斯图尔特·布莱恩（J. Stewart Bryan）甚至声称"任何我们的下属报纸，我们都希望有电视台与其融合；任何一家电视台，我们也都希望能够有一家报纸与其混编作战"。

通用传媒公司（Media General）对媒体融合的执着，源于对"资源共享"和"成本缩减"的追求。较早前，《坦帕论坛报》、坦帕湾在线和WFLA电视台在市中心不同的大厦中办公，资源共享难以实质推进。而新大楼启用后，这幢四层楼的建筑使得这三家传媒机构的员工能够在同一个屋檐下共同工作。大厦的一层和二层的一部分是WFLA电视台的演播室。大厦二层其余的部分是WFLA和坦帕湾在线的新闻编辑室。大厦第三层是《坦帕论坛报》和坦帕湾在线的行政办公区域。大厦的第四层是WFLA电视台的行政办公区。除此之外，整栋大厦有一个中庭部分从一层一直延伸到三层，其最主要的区域是被称作"超级办公桌"（superdesk）的多媒体办公区域，这也是三家传媒机构的员工彼此沟通、互通有无、推进合作的工作区。通过彼此的合作，WFLA的视频和线索可以提供给《坦帕新闻报》和坦帕湾在线所用，《坦帕新闻报》可以给另两家机构提供重要的新闻素材和资料，坦帕湾在线则可以将报

纸和电视台的新闻报道悉数上线。截至2002年2月，《坦帕论坛报》和
WFLA四分之三的员工在外出采访时，都已经配备了照相和录像等全媒
体设备。

坦帕新闻中心的开放式工作平台让资源共享的效率得以提升

　　媒体融合是否真正促进了三家传媒机构业务的改善人们不得而知。
但从数据上，媒体融合与三家机构效益的改善高度重合。通用媒体公
司（Media General）2002年财报显示，2001年12月至2002年12月，《坦
帕论坛报》的发行量上升了5.8%；WFLA电视台在当地收视率第一的位
置进一步得到强化，占据了12%的收视份额；坦帕湾在线的页面点击率
（PV）上升11%。当然，担忧情绪和反对声音一直存在，最明确的反对
意见来源于员工对"独立新闻价值观"受到干扰的担忧、因大量跨平台
内容的采用而导致独家内容的减少、工作量成倍增加却没有加薪。

　　尽管如此，坦帕新闻中心对媒体融合坚决推进，使其成为研究员工
态度变化和传媒从业者转型情况的良好案例。2003年6月至7月，迈阿

密大学传媒学院的迈克尔·杜庞恩（Michel Dupagne）和布鲁斯·加里森（Bruce Garrison）对坦帕新闻中心的12位员工进行了深度采访，了解他们在坦帕新闻中心媒体融合的进程中所思、所感、所悟。面对员工，调查者关注的焦点集中于三个问题：第一，坦帕新闻中心的员工如何看待"媒体融合"的意义？第二，新闻中心成立以来员工的工作和新闻编辑部发生了哪些变化？第三，在媒体融合环境下，员工需要哪些新技能以适应工作的变化？

调查结果

调查发现，关于媒体融合的意义，受访员工谈论最多的是"资源"一词。受访员工普遍认为，媒体融合使得他们获取的资源更加丰富，无论是人力、设备还是采访资源。WFLA电视台采访部门负责人介绍说："假若我们的摄像都在外采访，而又有一个新闻事件需要我们派出员工时，他们《坦帕论坛报》就会借出人力让我们能够采访该事件。现在，《坦帕论坛报》的所有图片记者都拍摄视频供我们使用，这让我们获取的资源更丰富。当然，对他们而言同样如此。"

在采访中，员工高频率谈及"成本缩减"的话题。由于有一套内部共享数据库的存在，使得三个机构的采编人员都能够高效率的策划当日的内容。每日的新闻线索也能够在联席编前会等机制下得到共享。采编人员统一接受调度，节省了人力成本。WFLA新闻总监表示，经过总结测算，每个月都会有数百条新闻背后是三家机构彼此合作的结果，许多合作都推动了资源的共享。而播出的新闻当中，观众根本无法分辨出究竟哪一条是报纸记者提供的素材。在"超级碗橄榄球赛"和"911事件周年纪念"等大型报道中，合作的广度和深度更是前所未有，这也节约了采编人员的精力。同时，还有受访员工提到设备节约的问题。当三家机构的员工合署办公，台式电脑和笔记本电脑的利用实现了最大化，软件得以共享，甚至新大厦只需要与一家电信运营商签署电话服务协议即可，成本显著压缩。

当然，除了成本压缩和资源共享外，交叉宣传也理应是媒体融合的重要成果之一。三家机构融合之后，理应在各自的平台更多宣传"兄弟平台"的优质内容和新闻产品，但在采访过程中，员工却谈及较少。此外，受访员工谈及的成果还包括——对于当前传媒机构面临数字化竞争有了更清晰的认识，对于共同应对挑战有了更多共识等。

在融合的进程中，新闻编辑室的工作方式和文化氛围不可避免地会有所改变。无论是新闻报道的流程、工作任务的增加、职责更加多元，都让员工有切身感受。一个最明显的变化是工作任务更加繁重，员工必须完成全平台的工作任务，才算把一天的工作做完。例如，报社的记者要确认完成了电视台的工作任务、电视台的记者也要帮报社写完稿件才算完成了所有的工作任务。显然，这对于记者编辑而言，意味着必须学习并掌握新知识、新技能，同时必须面对更加繁重的工作。

显而易见，电视出镜的语言与报社文字的语言有极大的不同。有受访的报社记者表示，因为出镜的需求，学习电视台的"行话"和"专业用语"，本身就是挑战："我要学习和了解其他平台，了解他们的需求。其中最根本的一点就是了解他们的语言。你知道，电视台使用的出镜语言是不同的。"

还有的《坦帕论坛报》受访员工表示，在新闻编辑室，与其他平台的记者共享资源也需要很多决心和勇气："我认为，对记者而言起初最艰难的一件事是打开他们的笔记本，把他们的采访资源与他人共享。我觉得这是融合中必须跨越的障碍。我本人就是记者，过去我们和WFLA的记者是竞争关系。单单打开笔记本，拿出我苦心积累的采访资源与他们共享，本身就是很难跨越的一道障碍。现在，融合才推进三年，并不长。跨越资源共享这一关并非一件简单的事情，还需要继续努力。"

媒体融合给记者编辑带来的，还包括头脑中全媒体意识的提升。过去记者在接到采访任务时，往往头脑中只会想着怎样写好一篇文字稿、怎样用电视语言表现好、怎样推出一篇像样的网文。而现在，所有的记者都会在新闻现场考虑其他平台的需求，视频、图片、文字等如何结合才更能讲好一个新闻故事。同时，在多媒体办公区，更加开放多元的文化氛围渐渐形成。员工在与其他平台的编辑记者交流的过程中，更愿意倾听不同的想法和意见，更愿意把自己的所思所想与他人交流，这些都在潜移默化中改变着各个机构的企业文化。

对于媒体融合后的能力需求，受访员工的意见高度重合。事实上，员工对于单纯"技能性"的需求谈论得并不多。受访意见高度集中于五个方面：第一，需要至少把一件事做好的能力，在"一专"的基础上再考虑"多能"；第二，写作和报道能力是电视、报纸和网络平台都需要的核心能力；第三，调整适应新任务、新环境的能力要强；第四，无论为哪个平台工作，融合情境下员工与他人的沟通能力都要强；第五，要不断学习在融合后的组织架构和系统中自如地开展工作的能力。

坦帕湾在线天气/体育版块负责人的意见具有一定的代表性，他说："我认为，他们首先是一个记者。对于记者而言，新闻采访是最重要的。记者有能力熟练地录制视频、采集音频、做Flash动画当然很好。这些技巧能够让你的工作更有创造性，但归根结底记者得首先懂得如何做好采访并呈现一篇准确严谨的新闻故事。"

结论和启示

通过对坦帕新闻中心12位员工的回访，迈阿密大学传媒学院的迈克尔·杜庞恩（Michel Dupagne）和布鲁斯·加里森（Bruce Garrison）得出了他们的结论。这其中既有令人欣喜之处，亦有新的忧虑。主要的忧虑存在于以下几点。

第一，调查中可以得出结论，媒体融合在很大程度上提升了资源共享的效率，三家机构中的所有编辑记者对此都有感受。然而在资源共享的过程中，最大的赢家是电视台。电视台从报社和网络获取了过去他们并不拥有的资源。相对而言，《坦帕论坛报》和坦帕湾在线所获取的新资源并不如想象得那般丰厚，毕竟电视台的视频资源对于报社而言，使用的空间相对有限。

第二，尽管坦帕新闻中心竭力推进媒体融合进程，但"合"而不"融"的现象在一定程度上依然存在，这对员工的积极性具有极大的杀伤力。例如，三家媒体机构的绝大多数员工都隶属于坦帕新闻中心的员工，然而依然有一小部分员工与《坦帕论坛报》签约，由《坦帕论坛报》出资与他们形成雇用关系。在这部分员工的心理上，存在着不平衡、不安全的感受，极大地挫伤了他们的积极性。

第三，媒体融合需要技术手段和平台支撑。在坦帕新闻中心，员工期待一个能够融写作、编辑、生产、分发的一体化软件系统来支撑三家机构间的资源共享，BudgetBank实现了初步功能和基本共享，但还需要很多工作。2005年6月，这样的期望最终变为现实，CCI NewsGate系统实现了这些功能的整合。

第四，在三家机构合署办公之后，员工的工作量有所增加，但员工对于自己所需完成基本任务的理解并没有变化。事实上，由媒体融合所带来的工作量变化，应当在薪酬中有所体现，让员工将"融合"带来的工作增量，也理解为职责所在。

案例：奥斯汀新闻8频道

媒体融合，最直接的变化来源于采编流程的重塑和再造。作为新闻媒体，"人"是采编流程的主角，是每一篇稿件的撰写者、发布者。对于采编流程的变化，普通员工不仅仅被动地接受这些变化，也会深刻影响采编流程的效能，推动融合向前或相反的方向发展。然而遗憾的是，对于新闻编辑室的整合和采编流程的改变，绝大多数分析都是从理论视角和宏观角度加以分析，对于员工感受的调研和分析并不多，这不得不说是一个遗憾。

2005年，索尼娅·黄和顿·海德尔（J. Sonia Huang & Don Heider）对德克萨斯州的奥斯汀新闻8频道（News 8 Austin）进行了深入的观察、调研和分析。研究所要了解的对象，就是新闻编辑室的工作流程变化和对员工的影响。为了让调查结果尽可能精确，两位学者采用了"深入采访"和"现场观察"相结合的方式。仅仅依靠面对面的采访，员工往往出于对职业前途的担忧，未必敢于坦陈内心的想法。尤其是对采编流程再造的负面评价，员工往往藏在心里，不愿与调查者分享。这对于调查结果的真实性、准确性有致命的影响。因此，"深入采访"和"现场观察"相结合，能够最大限度地确保调查结果的准确性，让数据更可信，也让分析结果更科学。

相关背景

这项研究致力于通过深入调研，详尽了解两家媒体（电视和互联网）整合在一个同一个新闻编辑室当中所带来的影响和变化。奥斯汀新闻8频道是时代华纳（Time Warner Cable）旗下的一家地方电视台。其开播于1999年，是德克萨斯州奥斯汀第一家24小时不间断播出的地方新闻频道，为约36万户有线电视付费家庭提供本地新闻资讯服务。在发展过程中，由于互联网日渐兴起，奥斯汀新闻8频道在2000年建立了新闻网站，并在发展过程中不断推动融合，希望电视频道和互联网能够更加彻底地整合在一起，增强在本地的传播力和影响力。在这样的目的驱使下，电视和网站的编辑部合二为一，成为一体化新闻采编室。而这样的整合效果如何，却有待观察。

奥斯汀新闻8频道网站（News 8 Austin）主打本地新闻，大量新闻内容取材于电视新闻

2005年11月，两位学者进入新闻编辑室开始现场观察和面对面采访，整个调查持续一个多月的时间。每周至少三天，调查者会进入新闻编辑室，进行采访和观察。同时，为了让采访和调研尽可能贴近实战，

白班、夜班和周末都会包括在内，但总体以工作日为主。在当日的采访和观察结束后，调查者会将采访录音存档，并将相关调查数据和素材写入"现场笔记"。一个月期满后，两位调查者总计采访了6位知情人和32位员工。

选题策划

对于新闻媒体而言，新闻策划的内部流程往往决定着最终新闻产品的效果。内部流程越清晰合理，新闻策划能力往往越强大，最终的新闻产品往往就越有影响力和传播力。在奥斯汀新闻8频道，一天之内有上午和下午两次重要的策划选题会，参加会议的人员包括新闻总监、副总监、总监助理、任务编辑、制作人、记者等不同工种和角色的人员。虽然网络制作人同样对终端产品（新闻报道）负责，但在两位学者调查的一个月当中，网络制作部门的人员很少出席选题策划会。当被问及为何常常缺席选题策划会时，一位网络制作人直白地表示，缺少"权限"："我愿意表达我的观点，对此我从不害怕。如果我有一个好的想法，我愿意去表达。只是，我缺少相应的管理权限。对于如何更好地报道一则新闻，我们的记者很少找网络部门咨询。我们没有那么大的权限。"

而对于电视频道的部门，同等职位的制作人所表达的情绪却完全不同。电视频道的制作人会在会议前认真浏览新闻，并在策划会上与记者们沟通互动。他们认为，参与决策非常重要："我们下午两点有一个策划会，制作人和记者们会把自己的想法说一说。我喜欢提出我的观点，帮助记者厘清思路做一篇更出色的报道。我们总是竭尽全力作出更精彩的新闻。"

相对于网络制作人"缺少权限"因而没必要参加选题策划会的说

法，新闻8频道的电视制作人却把这样的现象归咎于"部门分割"："在新闻选题策划会上，我认为我们做得不够好。我希望在每天的选题会上，网络部门的人员都能够参与进来并和我们认真讨论。我认为，他们应该把他们的观点和我们分享，例如，怎样把一篇报道在网络上呈现好。但你必须明白，我们分属不同的部门，他们不受我指挥。"

在奥斯汀新闻8频道，网络制作人员由IT负责人统管，而电视新闻制作人则由新闻总监分管。尽管网络制作人参与新闻采制，网络人员却不由新闻总监管辖。事实上，网络部门是新闻编辑室中唯一不由新闻总监管理的部分。两个负责人分管两部分业务，使得网络和新闻难以合二为一。有人认为，网络部门如果没有自己独立的团队，则很难充分发展。也有人认为，假若网络和新闻的业务都有独立团队，则很容易陷入"合而不融"的窠臼，最终成为两个独立机构，出现"两张皮"的局面。

新闻制作

新闻制作是终端新闻产品呈现给受众前的一个重要环节，对于网络部门而言，这个环节意味着如何将新闻产品包装和呈现好。在调研过程中，两位学者在这个环节发现了两个严重的问题。第一个方面来源于写稿环节。事实上，电视新闻的语态和网络新闻的语态存在巨大差异。在调查中，有过纸媒从业经历的记者往往愿意在写稿环节考虑网络新闻的特点和需求。一位主持人和一位记者坦陈他们愿意更多地考虑文字呈现的效果："我过去给一家小报社工作，所以我对文字和页面呈现很敏感。我会花些时间仔细核对美联社印刷风格，电脑呈现效果怎样，如何引入新闻，等等，这样的工作有些费时间。""在新闻学院读书的时候，我受过很多纸媒的培训，所以这对我而言一点都不难。我会把逗号、括弧等标点问题都注意到。但是在电视新闻中，你根本不用考虑这些，新闻来源是最重要的。"

然而对一些长期在电视领域工作，没有报社背景的记者而言，他们的工作却需要网络制作人员协助处理新闻报道最终在网站呈现的效果。一位记者介绍说："我在电视行业工作五年了。写稿过程中，我常常回过头去看看前面的内容并且仔细检查一下。我不敢说我们的稿件总能像美联社稿件一样准确，所以我们需要网络部门的人员再仔细核对一下，我反正尽我所能。有时我不会把新闻当事人的原话写上，只会在电视播出稿件中标明'大致是这么说的'，我觉得，网站编辑会对稿件做最终处理。"

相对于美联社的文字风格稿件，电视记者或制作人所撰写的稿件被称作"电视风格"。这样的稿件更突出了听觉感受，而非视觉阅读效果。由于两者风格存在差异，一些电视部门的工作人员认为把电视播出稿件转换为印刷文字风格是一件很无聊且没有成就感的工作。较早前，奥斯汀新闻8频道雇用了三位网络制作人员，他们将电视新闻转换成网络语态。然而由于网站自2000年建立以来从未实现盈利，网络部门的预算受到削减，2004年三人被裁撤为两人。与此同时，管理方提出让电视记者自己负责将自己的稿件从播出稿转化为文字稿，这也带来了研究人员发现的第二个较严重的问题：工作量的增加。

对于奥斯汀新闻8频道的记者而言，单枪匹马的采访、拍摄、制作、编辑、播出是常态。现在，在他们的职责中又加入了"稿件转化"的工作，这让很多记者有颇多怨言："我们的活儿太多了，一个人干三个人的活儿。现在，又要在原有职责的基础上加量，在我们的报道中加上'他说'或'她说',把电视播出稿变成网络稿。如果给我配一个图片摄影师,我愿意把稿子放到网上,没问题。但问题是,我们做网站编辑的工作,却不给薪酬,什么都没有。老板只是告诉我们,这是新的职责。事实上,他们硬生生地让我们每个人多干了一个人的活儿,对我们提出了更高的要求。"

对于这样的抱怨,奥斯汀新闻8频道的总经理却表示,让记者自己负责重写网络稿是一个合理的要求:"让一个都没去新闻现场的人把视频转化成文字稿件太难了。最好还是记者本人把新闻故事转化一下,这样会更合理。稿件转化的过程很容易使信息扭曲或流失。让网络编辑盲人摸象一样改稿,结果往往会很糟糕,因为他们根本不知道新闻现场的实际情况。"

管理层对奥斯汀新闻8频道的记者要求是"多重角色任务、采编播全流程操作",这样的要求或许并不现实。单打独斗的结果是,记者们往往把网络发布作为最后或最不重要的一项工作来做。一位记者说:"一天的工作结束,尤其是我报道的新闻在电视台播出后,我们还得把稿件转化成网络稿。毕竟,电视播出是我们的首要任务。有时,网络编辑已经帮我们把这个活儿干了。如果他们没做这项工作,我会在我的报道在电视台播出后再干这件事。这个事儿有时效率特别低。尤其当我们的报道完成后,常常还需要做些其他乱七八糟的事情,稿件就一时半会儿上不了网。网上的信息应该很快捷地就能获取,这本是理所应当的事情。"

新闻发布

"新闻发布"环节,意味着新闻报道或新闻故事将传递到消费者手中。许多网络平台的新闻，往往因为原创少、转载多、机器自动编辑、软件自动抓取、互动性不多等原因倍受批评。在调查过程中，两位学者对奥斯汀新闻8频道网站（news8austin.com）与9家全国性和地方性新闻网站做了比较研究。通过对调查启动后10天内的200篇稿件做细致的内容分析，两位学者对网站的新闻发布做了系统评估。

其一，总体而言，奥斯汀新闻8频道网站的整合表现超过了9家全国或地方性新闻网站。例如，新闻8频道网站的自采内容达到53%，而9家新闻网站的自采率只有32%。这个结果印证了调查者的预判——在新闻编辑室中，网站编辑花费了大量时间将电视新闻再包装并在线发布。无论是新闻总监还是网站制作人都认为，绝大多数受众登录他们的新闻网站，目的是了解本地新闻，因此在网络新闻包装方面他们尤其用心，而不是简单转载全国性新闻网站的内容。其二，在美国在线（AOL）、美国广播公司（ABC）、美国有线新闻网（CNN）、福克斯（Fox）等9家网站上，58%的新闻内容未经网络二次编辑直接发布，然而在新闻8频道的网站上，所有的新闻事实上都经过二次编辑，平均每篇稿件网络编辑要花费10分钟以上进行编辑和再处理。许多稿件中被加入了视频链接（35%）、超链接（47%）、联系方式、e-mail邮箱等信息。这些工作让网站的内容更有针对性，而非电视新闻的"搬运工"。

然而与此同时，网站也确有一些工作需要加强。一方面，网站上的内容缺乏原创性，大多是电视新闻的再加工。除了10%的在线互动社区内容外（在线调查、社区日历、图册等），余下的内容悉数来自新闻8频道的电视内容。另一方面，网站上的内容更新较慢。调查者发现网站上的新闻常常一整天都更新不了几条，许多新闻都要等到次日才能在网站上出现。

市场营销和广告业务

对于新闻媒体的生存和发展而言，广告业务是重要支撑。一个良性运转的营销业务能够让新闻媒体的实力不断增强、影响力不断上升、发展更加良性和健康。在新闻媒体的发展实践中，广告和营销业务常常有两种模式：其一是通过良好的内容吸引广告商和生产商的注意，进而投放广告；其二是两条腿走路，既通过广告创收，也对用户和受众收取信息费用。前者如《今日美国》（ *USA Today* ），后者如《纽约时报》官方网站（ NY Times ）。

奥斯汀新闻8频道采取的是后一种模式，其在网站上的内容并不收取费用，用户可以免费浏览新闻。而当网站流量足够多和用户群体足够大时，则会吸引广告客户的注意，并在其网站上投放广告。因此，尽可能地吸引网站流量是奥斯汀新闻8频道网站应努力发展的方向。

根据新闻8频道IT负责人介绍，该网站在Alexa.com上的排名和在奥斯汀新闻类网站排名中位列第三位，超过了所有全美新闻机构在当地的下属网站，例如kxan.com，kvue.com，keyetv.com和fox7.com。然而就广告业务而言，该网站自2000年创建以来，未能吸引足够的广告投放。新闻8频道的新闻总监和网络制作人认为，营销团队没能很好的推动网络业务的销售："我们必须雇佣更有创造力的营销人员来推动网络业务的销售。营销人员懂得怎样去销售网络广告吗？广告客户知道在线业务的价值吗？显而易见他们都不知道"。"我们这儿没有一个网络广告的销售部门。广告团队主要为时代华纳服务（TWC），他们并不专门负责新闻8频道的销售业务，这是我认为最主要的问题所在。例如我们发了'酒驾'的系列调查稿件，如果我们有广告营销团队，我们就可以与律师事务所等机构联系，向他们推销相应的广告空间或获取赞助。"

事实上，据调查者观察，奥斯汀新闻8频道的在线广告业务基本处于待开发状态。许多在线广告资源被闲置，大量的广告位被新闻8频道自己的推广所占用。据IT负责人介绍，广告团队的工作人员只是把在线广告作为附属品看待。除非广告客户自己主动提出希望在购买电视广告的基础上也购买在线广告位，否则广告营销人员不会专门推介在线的资源。换句话说，广告营销人员并不真正熟悉新闻8频道的在线资源及其价值和巨大的流量，这完全是管理和融合不彻底所造成的现象。

售后服务：人际交往

售后服务又称消费者服务，是在大众消费市场的售出任务完成后，为了增进消费者好感和保持良好关系而进行的沟通和服务。售后服务需要一家企业、一家机构采取一系列措施，增进与消费者的感情，拉近与消费者的距离。事实上，在汽车、银行、通信等行业，售后服务往往比较普遍，但在大众传播领域和媒体市场，并不多见。这当然有其原因，媒体领域的受众往往意味着常常不可准确认定的较大人群，沟通的成本较高，难度较大。

然而，互联网的发展和新技术的运用让媒体行业的售后服务变得更可操作。尤其是通过互联网的互动性，能够让新闻的受众与新闻的生产者直接交流，将会增加受众对媒体品牌的认知度和美誉度。

在奥斯汀新闻8频道，10%的内容是有关网络问卷调查、社区日历、图册等内容，这些都具有互动属性。然而，在调查中，许多新闻编播一线的记者、编辑、制作人员，常常有进一步与受众互动的欲望，然而新闻8频道在这方面却步伐缓慢。人们甚至常常忘却了网站具有互动的功能和属性，使新闻8频道仅仅成为一个信息发布的工具。在这方面，调查者认为管理层应当有更强烈的意识去推动记者、编辑和制作人员与受众加强互动。尤其是，新闻8频道作为主打本地新闻的电视频道，更应当贴近受众，把双向交流作为一种常态。

调查结论

奥斯汀新闻8频道的媒体融合，在结构上实现了电视与网络的整合，然而却与"最佳状态"尚有距离。一家媒体的融合效果，不应以受众数量的多寡来衡量，而应考虑媒体是否将所有资源更优化配置，从而给受众提供最大的价值。正如吉利布鲁（Killebrew）所述，媒体融合的最终成功，在于"人"。

在一个月的调查过后，两位调查者认为，奥斯汀新闻8频道的媒体融合处于"结构融合"（Gordon）或"克隆融合"（Dailey et al.）的阶段，而未能实现昆尼（Quinn）所述的"每一位采编人员都在头脑中建立全媒体意识"的乌托邦状态。在新闻的策划、采编、制作、发布及服务等诸多环节，都有太多可以改进的地方。两位调查者给出了建议：

（一）在管理层和员工之间，要加强信任。对于媒体融合所带来的工作量增加，不应视而不见，而应采取管理升级的手段予以解决。例如，对于额外的工作给予额外的补偿（物质补偿或精神鼓励），或是改变记者单打独斗的局面，让记者的工作强度能够有所降低。尽管短期来看，管理手段升级势必带来投入的增加，但从长远来看，效益必然大于投入。

（二）在网络部门和新闻部门之间，应该加强协同。网络部门应该从新闻生产的最前端开始介入，并参与全链条的工作。这样做不仅可以减少后期的沟通、摩擦和稿件错误，更能够让稿件从策划和采访阶段就带有全媒体视角和思维，会让新闻产品更贴近网络，也更贴近受众。

（三）在新闻部门和广告营销部门之间，同样应当加强协同。如果新闻部门在推出大型策划的同时，就让广告营销部门介入，会让广告营销团队在推广的过程中更加有的放矢，也会让效益进一步提升。更重要的是，广告部门应当更多推介网络资源，而不是将其当作附属品看待。事实上，网络广告处于不断上涨的区间，未来有更加光明的前景，这样的资源不该被白白浪费。

启示和结论

尽管在理论层面，关于媒体融合的研究或探讨很多。但在实践层面，媒体融合并没有太多可资借鉴的成熟经验或现成模板。不同的媒体机构在推进媒体融合进程时，也更多采取"摸着石头过河"的做法，不断地在实践中遇到问题并解决问题。坦帕新闻中心和奥斯汀新闻8频道的两起案例，恰恰折射出媒体融合进程的困惑和难点——遇到的问题往往复杂而具体，解决的药方并不多，如何通过科学的管理化解矛盾和问题，进而推动融合进程向前发展，不仅仅是坦帕新闻中心或奥斯汀新闻8频道面对的难题，也是所有传媒机构在推进媒体融合的进程中必须着力解决好的问题。

从理论研究的课题来看，当前的学术探讨多是从宏观视角去分析传统媒体与新媒体融合的方向、路径、角度或难度等，很少有学术研究从微观视角切入，从"人"的角度去探讨和分析媒体融合进程乃至成败的案例更是少之又少。从这个角度而言，这两个案例研究弥足珍贵，它们让人们真正有机会走进媒体机构去倾听员工和管理层的想法或心声。而这些想法或心声，恰恰折射了媒体融合中的要点或难点——工作量增加、士气不振奋、沟通不顺畅、机构内部存在壁垒、资源利用效率低、协同不够……解决这些问题，固然需要具体问题具体分析，但其中存在的共性却不容忽视。这些媒体融合进程中存在的共性矛盾，极有可能在更多媒体机构的发展中不得不面对，也值得我们仔细审视和分析。

（一）在媒体融合进程中，人的因素至关重要，人的因素也最容易被忽视。

媒体融合的终极目标是向受众提供优质的内容和适合新媒体平台的丰富资讯产品，用一句话概括就是"在新媒体时代让媒体的影响力不仅不致消退，而是不断得以提升"。然而媒体机构必须明白的道理是，传媒机构不直接与受众面对面产生联系，而是通过员工（记者、编辑、制作人员）的劳动和创造，通过一篇篇新闻报道，赢得受众的认可、赞许和品牌认同。正因与此，如何调动员工的积极性则显得至关重要。很显然，无论在坦帕新闻中心还是在奥斯汀新闻8频道，人的积极性都有待进一步调动和提升。奥斯汀新闻8频道的采编人员在媒体融合进程中工作量显著增加，却没有获得与劳动量增长相匹配的薪酬，让员工进而对"融合"产生抵触情绪。在坦帕新闻中心，员工在融合进程中需要学习新技能，然而组织机构在员工成长的进程中同样需要多予鼓励，显然坦帕新闻中心做得还不够。

在两家传媒机构当中，员工的"全媒体意识"都有提升，工作职责中也纳入了新媒体平台发稿的任务。尽管表现形式有所不同，任务的优先级有差异，但"全媒体意识"的提升无疑有助于融合进程的推进。两相比较，坦帕新闻中心的员工，融合意识更强，效果更明显。而奥斯汀新闻8频道，员工往往把新媒体平台发稿任务视作最不重要的工作，留作一天中的最后一项任务去完成，创造力和积极性也未充分调动，还需通过管理方式的变化加以扭转。

（二）"合而不融"的现象较容易出现，并成为媒体融合的难点。

从组织机构的架构和物理空间的融合来看，无论是坦帕新闻中心还是奥斯汀新闻8频道，都实现了机构层面的融合。在坦帕新闻中心，四层办公楼启用并划定相应的平台区域供不同部门的员工沟通、交流、探讨、策划，这在一定层面推动了融合的效率。在奥斯汀新闻8频道，电视频道和新闻网站也实现了合署办公，绝大多数的电视新闻都在新媒体端予以呈现，说明了融合取得的效果。

然而必须指出的是，两家机构虽然都实现了"相合"，却在许多层面有待进一步"相融"。在坦帕新闻中心，员工坦陈内心里依然不愿意与他人共享采访资源。在融合效果上，电视台的虹吸效应也比较明显，未能实现资源更充分的汇聚和资源共享理应带来的"1+1>2"的效果。在奥斯汀新闻8频道，尽管在管理层的要求下，绝大多数电视新闻都被呈现在其网站上，但从受访员工的态度来看，融合依然存在着诸多屏障。例如，网络制作人员缺席前端策划，导致所有的电视新闻在策划和采访之初，都没有考虑新媒体平台的需求。这样制作出来的新闻产品，只能被简单编辑后平移到新媒体端，而无法做到专门为网络端精心打造、契合新媒体特点的新闻。

（三）资源共享和成本压缩是媒体融合最直接的效果，但"做减法"容易，创造更多优质内容的"加法"却相对较难。

从两个案例的具体情况来看，媒体融合最直接的效应是资源共享和成本压缩。无论是采访设备的共享还是一次采集、多端发布，无疑都节省了人力和物力。从经营的角度而言，融合能够产生成本压缩的效果，值得鼓励。此外，在坦帕新闻中心，分数不同部门的员工能够接受统一调度，当某一部门的采访人员不足时，能够跨平台实现人力的调度，这让坦帕新闻中心的整体效率得以提升，资源共享的效果得以显现。

尽管资源共享和成本压缩对于组织机构而言至关重要，然而必须指出的是，媒体融合的最直接目的并非在成本层面"做减法"，而是要通过"做加法"激发创造力，在新媒体端"讲好故事"，实现"1+1>2"的协同效应。显然，在这个层面，难度要显著大于成本的压缩和资源的简单汇聚。在坦帕新闻中心，记者编辑能够有意识在策划和采访之初就考虑到新媒体端的需求和呈现样态，这是一个正确的方向。但在奥斯汀新闻8频道，协同存在巨大壁垒，新闻产品也只是简单平移和搬运。尽管网络编辑会对新闻产品进行简单改造和加工，但无疑这和"创造性"的要求相去甚远。从两家机构的情况来看，"合而不融"将是更多传媒机构媒体融合进程中一只巨大的拦路虎。

（四）打破壁垒，加强沟通和协调是媒体融合不容忽视的难点。

人与人之间的沟通，并非一件易事。媒体融合进程中，打破部门与部门之间的壁垒，推进人与人之间的交流和沟通，更不是一件容易的事。在坦帕新闻中心，绝大多数受访员工都坦言，要想成为全媒体人才，"沟通能力"必不可少。在奥斯汀新闻8频道，网络部门的工作人员不愿或不能参与每日的策划会，从一个侧面说明了部门分割在机构融合之后往往也难以打破。与此同时，广告人员与新闻人员的沟通显然存在障碍。而这种障碍直接造成了网络广告销售缺乏实质性推动，新闻策划与广告经营两张皮的现象。可见，打破壁垒，加强沟通并非易事。

之所以在媒体融合的进程中，打破部门分割的局面和促进员工间交流变得更加困难，源于两个层面：第一层面，部门融合与重构之后，原有的工作模式、沟通方式等固有思维和习惯往往难以打破。新的组织机构文化也很难在一夜之间建立。因此，机构融合难以改变各个部门自行其是的做法，条块分割的局面会在相对较长的时间内持续。第二层面，员工个人往往在融合进程中需要调整行为习惯，改变以往的工作模式和沟通方式。从陌生到熟悉，对于每个人而言都是挑战。当个人之间的心理壁垒难以打破时，组织机构的融合就难以实现有效推进。因此，有形的壁垒和无形的壁垒都被打破，才能推进媒体融合产生更大效益。

正因与此，许多传媒机构在推进融合进程时，往往先打破"物理围墙"，通过连署办公、建立指挥协同中心、建立大工作平台等手段，进而推动心理壁垒的消除，增强部门与部门之间，员工与员工之间的交流、沟通、协同。唯有如此，物理融合才会产生化学反应。

（五）用技术或机制化的手段去推动融合，理应成为共识。

媒体融合，并非把两家机构置于同一个屋檐下即可实现，而是要尽可能在采编流程、工作程序、广告经营等业务线上实现统一部署、协同推进。要做到这一点，除了在内部管理上实现流程重塑，用技术或机制化的手段去推动资源共享，增强部门协同，也理应成为共识。

在坦帕新闻中心，许多受访员工都希望能够有一套契合采编流程的全方位软件系统，能够让部门之间、员工之间的资源共享更加充分。坦帕新闻中心也在不断努力下，最终建立了这样一套系统。这样的技术性手段无疑将推进融合的进程。除了技术性手段外，制度规章、协同机制、联席会议等机制化手段同样能够推动融合进程更加深入。在奥斯汀新闻8频道，每日的新闻选题策划会本是一个相对合理的融合机制，但却未能将网络部门纳入会议，不得不说是极大的遗憾。同理，新闻业务部门和广告营销部门之间，假若能够建立定期或不定期的机制化联络协同手段，也会极大地推动效率的提升和效能的增加。

（六）媒体融合进程没有尽头，关键要在长期发展中坚持创新，不断提供优质的新闻产品。

在所呈现的两个案例当中，坦帕新闻中心的媒体融合吸引了传媒学界和业界的广泛关注，奥斯汀新闻8频道的融合则相对低调。但无论怎样，两家媒体机构都在融合发展的进程中迈出了实质性步伐。尤其是坦帕新闻中心的创新，被许多媒体融合的研究树立为样板，认为这样的融合至少探索了有益的方向。

然而事与愿违，尽管融合之初两家媒体都产生了相对明显的效果——坦帕新闻中心的营收不断增长，而奥斯汀新闻8频道网站在当地也有不俗的流量——这些都让媒体融合的研究者感到鼓舞，也让人们对于媒体融合的前景持乐观态度，然而喧嚣过后两家媒体机构也相继沉寂。2016年5月，《坦帕湾时报》（*Tampa Bay Times*）正式收购《坦帕论坛报》（*Tampa Tribune*），并将其雪藏，让这家121年历史的报纸正式走向死亡。事实上，《坦帕湾时报》此举也是不得已而为之，在当前的媒体竞争环境下，一座城市有两家报纸往往显得太过奢侈。通过收购，《坦帕湾时报》将竞争对手《坦帕论坛报》拉下马，成为这座城市唯一的报纸。

无独有偶，奥斯汀新闻8频道尽管发展势头良好，其网站甚至在本地新闻网站中位列第三位，但依然难逃被整合的命运。2011年，新闻8频道更名为"YNN Austin"（Your News Now），这是时代华纳力争实现品牌统一所带来的结果。2014年3月，时代华纳宣布在圣安东尼奥市场推出一个地区新闻频道。该频道建立在奥斯汀总部并与奥斯汀本地新闻台共享管理人员，奥斯汀新闻8频道再次被整合。2015年Charter公司收购了时代华纳旗下的有线电视业务。2016年9月，时代华纳旗下所有的新闻频道都更名为"光谱新闻"（Spectrum News）。奥斯汀新闻8频道和旗下网站也再一次更名。

从过往十几年走过的历程来看，无论是坦帕新闻中心还是奥斯汀新闻8频道，只有"变化"本身永恒不变。媒体融合的进程没有终点，只会在发展变化当中不断调整。但从长远来看，无论资本运作和媒体生态发生怎样的变化，把新闻故事讲好，给受众提供最优质的内容都将是媒体的核心竞争力，这一点永远不会改变。

用"技术杠杆"撬动内容生产

——美国传媒机构运用新平台、新技术增强传播效果的观察和思考

对于传统媒体机构而言，走上媒体融合发展之路，有时是主动而为之，更多情况下则是被动为之。当新技术手段不断涌现，新的传播途径和新传播平台不断出现时，受众的注意力不可避免地被吸引。面对受众注意力的流失和经营业绩不断下降的尴尬局面，许多传统媒体也纷纷拿起新技术的"武器"，抢夺受众的注意力。

注意力经济是随着互联网技术发展而产生的。

1997年，迈克尔·戈德海伯（Michael H. Goldhaber）首次提出了"注意力经济"（attention economy）的概念。他认为，新经济形态下，互联网技术使信息不是稀缺而是过剩。相对而言，人们的注意力反倒变得稀缺。正因与此，获取受众的注意力就是获得更多的资源和持久的财富。

毫无疑问，打造优质内容是吸引注意力的不二法则，但与此同时，大数据、云计算、人工智能、智能推送等新技术手段能够更好地让信息抵达目标受众，让受众的注意力更长时间停留，也让平台的黏性不断增强。因此，传统媒体能否运用新技术手段改造和升级信息服务，对于媒体机构的转型和融合发展而言至关重要。

然而必须指出的是，对于新技术手段，许多传统媒体并非一开始就

采取主动学习、不断适应、和全力接纳的态度。恰恰相反，许多具有影响力的传统媒体在一开始面对新技术手段时，常常并不重视，甚至极端排斥。究其原因，有以下三点：

一、理念陈旧，片面理解"内容为王"的概念。事实上，新技术手段不断涌现，尤其是移动互联时代下，人们获取资讯的主渠道已经发生变化，抱着陈旧的理念坚定认为"酒香不怕巷子深"，忽视技术、渠道、营销等在信息时代背景下的作用，势必会被受众所抛弃。

二、部分传统媒体管理者对新技术手段存有偏见，认为新技术手段常常只是昙花一现，喧嚣过后将终归平静。还有的管理者认为，新兴技术早期往往投入巨大，在前景不明朗的情况下大量投入资金和人力，会造成巨大浪费。此外，还有的管理者认为，应坚持"主业"过多沉迷于新技术是不务正业的做法。凡此种种，让许多新媒体错失良机。

三、人才匮乏，技术能力不足。对于传统媒体而言，人才匮乏的窘臼常常是传统媒体不敢投入新技术的原因。事实上，所有的传统媒体面对新技术都是"半路出家"，要想通过新技术提升传统媒体影响力，就必须引入人才、打造团队，这对于传统媒体而言是一笔不小的投入。因此，人才匮乏往往影响传统媒体在新技术方面的投入。殊不知，越是缺乏人才就越容易带来技术能力不足的短板；技术能力越不足，也就越不敢在吸引人才方面大胆作为。因此，人才的短板常常成为传统媒体融合发展的瓶颈。

当然，传统媒体对于新媒体技术手段的态度，不止是"大胆拥抱"或"极端排斥"。常常，传统媒体对于新技术的态度是"既爱又恨"。一方面，新媒体吸引了大量受众的注意力，也让传统媒体阵营的影响力日渐消退。根据美国报业协会公布的数据显示，美国报纸广告营收从

2000年达到最高点的487.6亿美元下降为2009年的275.6亿美元。另一方面，面对新技术手段层出不穷，传统媒体深感"肌无力"，无法通过掌握新技术逆转不断下降的趋势。

在此情况下，一些媒体集团凭借资金优势，力图短期内打一场翻身仗。最典型的案例莫过于默多克的新闻集团于2005年以5.8亿美元收购MySpace。此后，新闻集团持续投入巨资，收购互联网资产。然而，巨额投入并获取新平台，并不意味着就能打造互联网基因。在投入了大量资源后，2010年新闻集团以3500万美元的价格卖出Myspace。新闻集团在互联网产业上的布局，依然未见成功。

在总结这次失败时以及类似情况时，杰罗姆认为"信仰缺失"是重要原因之一："所谓信仰缺失，是指他们在新媒体实践中，浅尝辄止的投机心态时隐时现，在该坚持的时候总是选择放弃。他们对于互联网缺乏深刻的认知，并没有真正看到互联网摧枯拉朽的趋势力量，因此，在低潮、反复袭来之时，丢盔弃甲，自乱阵脚，把洗澡水和孩子一起泼了出去，把大好的机会与江山拱手让人，还美其名曰壮士断腕。他们一次又一次邂逅历史性的大机遇，但一次又一次地失之交臂。"

当然，面对新技术带来的革命，发令枪响时所有的传媒机构都处于同一起跑线。关键的问题是，谁能够洞悉新技术带来的机遇和前景、谁敢于先人一步拥抱新技术、谁在困难的时候坚持投入、谁能够找到新技术和优质内容的最佳契合点。

在浅尝辄止、屡次失败后，尤其是当新媒体给传统媒体带来巨大冲击后，传统媒体机构终于放下傲慢与尊严，真诚地"做一回小学生"，认真学习和掌握新媒体技术，科学定位新平台在业务线中的功能，努力建设新媒体技术团队并不断吸引人才，力争跟上时代步伐。近年来，

《纽约时报》等一大批传统媒体对于新技术的理念也日臻理性，每当新兴技术手段出现时，媒体机构都会主动研究、不断尝试，各种依托于新技术打造的信息呈现方式也不断吸引人们的注意力，使得传统媒体的互联网传播路径走上良性发展的轨道。

多媒体、富媒体、流媒体、浸媒体……

依据传统理念，报社记者做文字，广播记者做音频，电视记者做视频。不同的传媒机构有不同的传播领域、传播方式和传播理念，彼此"井水不犯河水"。然而时至今日，不仅仅广播电台的新闻网站常常呈现短视频，电视台的新闻网站呈现音频报道，报社的网站图、文、音、视皆有已经成为常态。尤其是"背包记者"（多媒体记者）的出现，恰恰说明了传统媒体的"领地"已渐渐变得模糊，记者的采编任务也常常变得更多元、更繁重。与之对应，对于记者能力和素质的要求也不断提高。

以美国公共广播公司（NPR）为例，在新媒体竞争日趋激烈的态势下，NPR不断尝试新平台、新技术可能带来的机遇，同时把多媒体采制作为重要手段和支撑。为此，擅长音频节目制作的NPR尝试将自己的内容进行视觉化呈现。2012年，NPR雇佣前芝加哥论坛报新闻APP主管，负责新组建的图形和数据组，承担新闻APP的互动式内容制作。随后，NPR又整合相关部门成立了视频团队，围绕新闻报道，制作图片、图表、地图、视频等多媒体素材和报道。在Youtube视频平台上，NPR建立了专门频道，不断上传和推送视频内容。截至2018年年初，该频道已经有超过145万订阅用户。

在NPR官方网站的新闻页面中，集纳图片、文字、音频、视频的富媒体页面层出不穷，这无疑给受众以更加丰富的感官体验，让新闻内容和信息传递更加丰富立体。此外，NPR还和亚马逊等公司合作，尝试提供人机对话的智能信息服务，给用户以最佳的"沉浸式"体验。这些新技术手段，都让一家传统广播电台走出熟悉的业务范围，以更丰富的内容和更优质的体验给用户提供信息服务。

在面对新媒体挑战时，不断调整运营方式和新闻呈现方式，努力给受众提供更丰富的资讯服务的案例还有很多。《纽约时报》曾经以严肃著称。文字刻板考究，图片精雕细刻，对政治和社会话题的把握相对竞争者而言更深入。然而在新技术手段的颠覆下，《纽约时报》也开始了以富媒体传播为主的新业态。根据comScore的报告，2017年人们在《纽约时报》网站上的访问时间约为5分钟，比2016年增长了35%。为了用户的5分钟的时间，《纽约时报》不惜花大气力，不但提升网络信息的"含金量"。一个重要的做法是，在普通的图文新闻中加入更多的多媒体元素，这可以有效延长用户停留时间和阅读新闻的体验。

在Chartbeat数字出版文章榜单中，2017年用户花费时间最多的25篇文章中，《纽约时报》的报道占据10席，很多文章都包含了纪录片、地图和交互图表。例如，"拉斯维加斯枪击案"引发全美震惊，共造成59人死亡。《纽约时报》利用地图和图表来还原新闻现场。5个月之后，当这一新闻已经离开人们视野时，《纽约时报》再度以一则短视频报道，还原了事件发生前，肇事者斯蒂芬·帕多克（Stephen Paddock）精心谋划惊天血案的全过程。通过调用事发前一周内的酒店和警方监控并精心剪接，可以看出斯蒂芬·帕多克别有用心地租用了酒店两个相邻的房间并将其打通，前后三次将武器弹药运输至酒店，并精心蒙蔽酒店员工的全过程。可以想见，这样的报道模式早已超出了《纽约时报》作为纸媒所熟悉的独家报道呈现模式，富媒体报道已经成为其最主流的报道形态。

根据美国皮尤研究中心2016年的报告显示，有62%的美国成年人获取新闻的主渠道是社交媒体。如果再加上新闻类APP的数量，可以想见美国人获取新闻的主要来源是智能手机、平板电脑等电子设备。既然用户浏览新闻并获取资讯的方式发生了变化，媒体资讯播出和推送的主要平台也会相应发生变化。伴随着宽带技术日益成熟，尤其是4G技术的大规模商业运用，"流媒体"也成为许多传统媒体播出的重要方式。对于广播、电视等媒体而言，流媒体传播已经成为通行的传播方式。

2018年，时代华纳集团旗下的运营商光谱公司（Spectrum）特意制作了一则广告以推广其手机客户端。在广告中，两个孩子间的对话引发了关注。其中一句台词"现在还有谁会通过电视机看电视"引发了人们的共鸣。不仅如此，事实上，现在还有谁通过收音机收听广播呢？对于广电媒体而言，不抢占手机屏幕并通过流媒体播放的方式加以传播，就会被竞争所淘汰。因此，无论是NPR开发手机客户端并通过流媒体播放，还是Spectrum把有线电视的所有频道搬至客户端，通过智能手机收听、收看节目在美国已高度普及。美国的网络运营商也不失时机推出不设流量上限的套餐，让用户随时随地使用手机收听收看广播电视节目。

由于信息技术不断升级，多媒体、富媒体、流媒体给用户带来了别样的体验。事实上，技术对于用户体验的追求从来就没有止境。近几年，给用户带来无以伦比体验和沉浸感受的"浸媒体"成为热词，也不断提升用户获取信息感受的高度，虚拟现实技术（Virtual Reality，简称VR）和增强现实技术（Augmented Reality，简称AR）成为媒体使用频次较高的互联网信息传播技术。

《纽约时报》是美国传媒业中对VR技术投入较早、建立专门团队并利用VR报道实现盈利的媒体。2015年11月，纽约时报公司专门打造了一款智能手机虚拟现实客户端NYT VR，呈现其制作的各类虚拟现实信息产品。尤其是一些深度报道，借用虚拟现实的呈现手段，让用户获得不一样的体验。例如，费卢杰之战是近年来在现代战争中为数不多的、极其惨烈的战役。2014年，费卢杰落入极端组织之手，数十名美军士兵命丧费卢杰。美军收复费卢杰的过程也极其惨烈。《纽约时报》专门制作了虚拟现实产品，对这次残酷的战役进行深入的报道，给在和平环境中生活的美国人以极强的带入感。《纽约时报》还曾经制作了一部名为《流离失所》的影片，通过三个孩子的视角，展现难民生活的艰辛。这部影片播放量在很短的时间内即超过百万。

当然，将虚拟现实技术应用于日常的新闻报道，仍有太多的障碍。一方面，尽管纽约时报公司竭力投入于VR产品的制作，其客户端中的VR报道数量仍然太少，更新频次相对较低。许多VR视频也仅是风光片而已。另一方面，受众接受VR视频报道的先决条件是拥有VR眼镜等硬件产品。为了推动受众的接受度，《纽约时报》甚至通过与谷歌和通用电气等公司合作，于2015年向订阅用户免费送出简装版的VR眼镜。两个小小的镜片镶嵌在纸板做成的头盔中，用户只需把手机嵌入简装的VR眼镜中，就可以体验虚拟现实带来的不同体验。据报道，《纽约时报》一共送出了超过一百万部这样的简装VR眼镜，借此提示用户浏览《纽约时报》的VR报道产品。

在竞争中，虚拟现实技术已经被许多美国媒体视为竞争的一个重要战场，体育报道是其中的重要领域。在里约奥运会中，《华尔街日报》就曾专门提供给受众一系列来自赛场的VR报道。在2018平昌冬奥会中，全国广播公司（NBC）也通过其专门的VR客户端，把受众带入比赛现场，去感受冰天雪地当中观看激烈赛事的乐趣。此外，美国广播公司（ABC）、《华盛顿邮报》（*Washington Post*）、《今日美国》（*USA Today*）、探索频道（*Discovery*）等媒体纷纷布局VR或AR技术，寄希望于新技术的运用能够引领"浸媒体"的潮流。

当然，带给受众沉浸式感受的远不止VR或AR那么简单，也并不局限于视觉领域。在音频市场，浸媒体爆发的势头越来越明显。尤其是以沉浸式智能音箱为产品核心的竞争，已经日趋白热化。亚马逊、谷歌、苹果、脸谱都推出了各自的产品。据市场研究公司Markets and Markets预测，2022年全球语音识别市场可能达到100亿美元。

社交媒体

伴随着智能手机走进人们的生活，社交媒体成为较早起步的移动资讯传播渠道。在全世界，通过社交媒体获取资讯的人们不计其数。然而对于社交媒体的依赖，美国的受众毫无疑问占据极大的比例。

路透社新闻研究所（牛津大学）2017年第6次发布新闻业报告。根据对全球36个市场、7万多人的数字新闻消费情况进行调查，报告发现：美国人在新闻消费上与其他国家呈现出迥然不同的态势，社交媒体作为美国人获取资讯的重要渠道，正凸显着越来越明显的作用。调查显示，受访的美国人中，有51%的人从社交媒体上获取新闻，比2016年增长了5%。然而在全球多数国家，通过社交媒体获取新闻的人群增长似乎正在趋于平缓。从互动情况看，这样的趋势同样明显。过去的两年里，大多数国家社交网络上的新闻转发和评论都有下降或者持平的情况。只有一个例外，美国的这两项数据都呈上升趋势。

另一项权威调查也印证了社交媒体在新闻资讯传播方面的巨大效应。根据美国皮尤研究中心2016年的报告显示，有62%的美国成年人是在社交媒体获取新闻的，另根据Nielsen的对美国移动用户的调查，美国移动用户花在社交媒体上的时间是新闻APP的5倍。

当然，近几年的调查结果并不一定能够全面反映真实客观情况。2016年，美国总统选举中，深谙社交媒体传播之道的唐纳德·特朗普通过推特（Twitter）有效地传递了竞选信息并成功获得选举的胜利。2017年，特朗普入主白宫后继续通过社交媒体发布政策信息，被人们称为"推特治国"。这些因素无疑推动了人们通过社交媒体获取信息的依赖性，推高了从社交媒体上获取资讯的人群比例。

既然社交媒体是美国人获取资讯的主渠道，各家传媒机构不惜气力在社交媒体方面持续投入就不难理解了。

其一，美国传媒机构往往把社交媒体作为发布信息的第一平台。在《华尔街日报》，发布新闻的顺序是：先在社交媒体上通过图片、文字、视频方式快速发布新闻故事，紧接着在网站上发布稍有一定深度的内容，最后再在纸媒印刷时把故事讲完整，全力拓展报道的深度。美联社记者在发布新闻时，首先通过手机客户端和社交媒体发布。目前，美联社一半以上的新闻都在社交媒体上呈现。

其二，为了更加有针对性地开展工作，美国的传媒机构往往成立专门团队或招聘专业人才深耕社交媒体。例如，《纽约时报》就成立了新闻采编部受众拓展团队，主要负责使用社交媒体、搜索引擎发布信息并探索有效抵达读者的方式和渠道。全国公共广播公司（NPR）亦成立了专门的社交媒体小组，在Storify、Twitter、Facebook、Tumblr、YouTube、Instagram等社交平台上讲好故事，不断尝试新的工具和平台以增加受众。社交媒体编辑既要与新闻采编人员沟通，又要与技术和设计制作人员协调，目的是将社交媒体呈现效果最佳化，提高NPR在社交媒体平台上的吸引力。此外，美联社、《今日美国》、美国有线新闻网（CNN）等传媒机构都成立了专业部门或招聘专门人才，深耕社交媒体，传递媒体的优质内容并提升媒体的品牌吸引力。

其三，无论媒体机构是纸媒、电视或广播机构，在社交媒体上都不拘泥于原有的媒体属性，所呈现的资讯也往往兼顾视频、图文、图表、互动页面，总之，什么样的传播样态更符合网络传播特点，就用最合适的传播手段去讲好故事。例如，在网络传播当中短视频往往效果很好，许多主流美国传媒机构都成立了视频制作团队，把新闻故事用视频化讲述方式来包装。以《华尔街日报》举例，《华尔街日报》不仅成立了视觉团队，还鼓励记者编辑在采访过程中能够动手拍摄和制作视频，将生产流程转变成全媒体流程。《今日美国》和《纽约时报》每天发布的短视频都有数十条，改变了传统纸媒严肃古板的面孔。

其四，把互动性发挥到极致。社交媒体改变了传统媒体的传播路径，由"单向车道"变为"双向车道"，受众同样可以阐述观点、发表见解。因此，美国传媒机构在通过社交媒体传播新闻资讯的同时，倍加重视其互动属性。一方面，许多的新闻故事具有互动功能，受众可以发表观点。另一方面，美国有线新闻网（CNN）等也打通社交媒体与传统电视节目之间的通道，让受众在社交媒体上发表的观点通过电视予以呈现。例如，在美国总统大选的过程中，社交媒体为CNN的直播节目提供了大量观点、素材、小规模数据调查等，丰富了电视节目内容的同时，也让受众参与到节目当中。

其五，对于社交媒体的传播特点，美国传媒机构高度重视业务培训，力争通过培训提升社交媒体使用的广度、效率和深度。在美国的主流传媒机构，新媒体业务培训往往达到两个重要的目的：一方面提升传统业务团队的新媒体意识；另一方面提升新媒体技能。事实上，这两方面缺一不可。许多长期从事传统新闻业务的老员工，往往既缺乏向新媒体平台拓展的意识，有缺乏相应的技能。因此，全方位的培训无疑将事半功倍。在培训的过程中，既包括视频的拍摄和制作，照相器材的使用，又包括制作网页、把新闻故事包装成多媒体故事等。这些培训都让媒体员工能够较快转型，让传媒机构在社交媒体等新媒体平台的发展有了更快的进步。

大数据

伴随着信息时代不断发展，数据的价值愈发凸显。一方面，我们每个人在线上上留下的"数字足印"（digital footprint），也甚至线下的行为、态度和观点成为我们生活的一部分。这些数据往往能够有效地预知我们未来的行为、兴趣和方向。另一方面，当千千万万网友的行为或态度被记录，数据汇集在一起则成为整个社会的一笔财富。尽管数据量巨大，对这些数据进行有效分析，则能够形成新的信息、创造新的知识、总结出新的趋势。

时至今日，数据的价值已经被充分认可，拥有数据的政府部门和企业，甚至被视为拥有雄厚的"资源"，甚至产生了"数据垄断"的说法。更有甚者，"数据为王"的观点被许多人认可。尽管或许有些夸大其实，这样的说法却能够说明数据本身的巨大价值。作为记录历史、引领时代的新闻媒体而言，毫无疑问不应忽视大数据的价值，而应当将大数据充分开发利用，指明趋势、呈现信息、创造新的价值。

近年来，美国传媒业对于数据的挖掘和使用越来越充分，大数据已经成为新闻媒体不可忽视的资源和财富。美国许多大学的新闻学院，纷纷开设了"数据新闻"的专业方向和相关课程，以培养掌握数据分析和新闻报道能力的跨学科人才。更重要的是，无论是在新闻数据化、传播数据化还是营销数据化等几方面，许多传媒机构都在探索中不断进步，令人耳目一新的新闻产品不断涌现，大数据也增进了传媒机构和用户之间的了解和沟通。在受众传播和营销领域，凭借着大数据提供的指引，新闻媒体也逐步摆脱了经验主义的窠臼，让受众传播和营销业务进入以数据为指导的专业化方向。

（一）新闻数据化

在新闻报道中，数据往往具有独到的说服力。传统报道，往往在文字报道中把数据统计的结果简单呈现，今天众多传媒机构都把大数据作为原料，精心"烹制"新闻产品并呈现给受众，也让数据的表现形态异彩纷呈。

在数据新闻的竞争中，起步较早并做得较好的是《纽约时报》。2014年，《纽约时报》推出主打数据新闻的新栏目——《结果》（Upshot）。通过专业团队的组建，《纽约时报》对大数据资源精心分析，并呈现出一篇篇洞悉政经趋势、具有较强说服力的数据报道。此外，大数据分析还深入体育、生活、科技等诸多领域，深得受众的欢迎。

例如，《结果》（*Upshot*）曾经推出一篇关于女性生育对职场收入影响的分析文章。依托于大数据资源，《纽约时报》经调查发现，在25岁至35岁年龄段生育孩子的女性，往往在随后的职业生涯中能够逐步缩小与男性的收入鸿沟。而超越了这个年龄段再生育的女性，往往职业晋升和加薪等环节会受到较大影响，导致随后的职业生涯中难以弥补收入的差距和受到的影响。诸如此类的大数据分析，凭借扎实数据分析来说话，往往很容易产生受众的共鸣。

与此同时，《纽约时报》还不断拓展数据可视化的前沿，从最初的图表、图示，到短视频、动图，数据可视化的产品形态越来越丰富。在里约奥运会的报道中，当闪电博尔特再次在百米田径赛场上夺冠后，《纽约时报》推出数字化百米飞人大赛的短视频，把赛道变成图示，让图示的动态效果来呈现比赛的瞬间和进程，新颖独特。在飞鱼菲尔普斯勇夺第22枚奥运会金牌后，《纽约时报》推出数据化报道专题"菲尔普斯VS.他自己"（*Michael Phelps vs. Himself*），把菲尔普斯出道近十年来不断进步的运动成绩做了戏剧化的呈现。

体育赛事往往是大数据云集的新闻报道焦点，《华盛顿邮报》同样在里约奥运会赛事期间，把数据新闻的呈现做到了极致。无论是数据地图、时间线、交互式图表、交互式查询界面、动图等，都将新闻焦点和数据紧密结合，给受众带来完全不同的视角和体验。就拿奖牌榜举例，《华盛顿邮报》摈弃了传统的数字列表方式，而是赋予奖牌榜更丰富的信息量。每一个小人下面的圆点，受众都可以点击并查阅究竟获奖选手的国籍和基本信息。这样的数据呈现方式，把枯燥的信息变得有趣，让阅读的体验中增加了互动属性，给读者带来乐趣。

2015年，《华盛顿邮报》依据警方的公开信息，将全国范围内的警察开枪致死案数据整合上传。该报道给予受众极大的自主权，每一位受众都可以根据自己的兴趣，点击查询不同信息参数下警方致死案的情况。这样的收据呈现，显然不是"半成品"，而是让受众参与新闻信息的呈现，让受众成为阅读的主宰者。这篇深度报道获得了普利策新闻奖，说明其在探索数据新闻方面呈现方式上取得的良好效果。

除了体育领域、社会领域之外，财经领域的数据量巨大，也是一座待开发的"金矿"。彭博社（bloomberg）可以把一年一度的富豪排行榜变为每天日常的动态报道，最关键的因素就是很好地使用了大数据。在彭博社推出的大数据新闻中，全球百名富豪的采财富，根据每天股市的动态变化、全球大宗市场的价格波动、宏观经济指数的高低起伏、重大市场政策的调整等也动态变化，个人的财富值和全球排名会随之产生变化。这样的数据新闻，把大量计算留置在后台，把最直观的效果呈现给受众，财经新闻也可以做出趣味十足的效果。

（二）受众数据化

新闻报道取材于大数据，让"新闻数据化"不断拓展着新闻报道的表现形态。与此同时，用户本身的行为，就产生着各种各样的数据。如何在资讯传播的过程中，把这些数据用好用足，同样非常重要。近年来，美国传媒业愈发重视对受众数据进行挖掘、整理、分类和使用，也让媒体信息的传播，方向性更强、针对性更强、专业性更强。

2014年2月，《纽约时报》管理层决心在大数据方面有所突破，除了上文提到的专栏数据新闻版块的开通之外，更聘请了哥伦比亚大学运用数学系副教授克里斯·维金斯（Chris Wiggins）担任首次设立的"首席信息科学家"一职。顾名思义，该职位将在数据信息层面，提供更加科学精准的分析，弥补传统纸媒在这方面人才和能力的不足，让《纽约时报》的数据分析能力指导报社的发展。

必须阐明的是，这一职位和团队的设立，并非为了在新闻报道中发力，而是为了在更加精准地了解用户并满足用户需求，加强与用户之间的沟通与传播层面发力，尽可能在提升用户体验的基础上增加用户订阅量。例如，《纽约时报》通过专业的数据分析，了解受众为什么倾向于订阅《纽约时报》的纸质版或电子版？有什么办法能够吸引新用户订阅？有什么办法增强用户粘性，挽留有可能流失的已订阅用户？通过将用户的登陆、浏览数据收集起来，然后作出算法模型，《纽约时报》在用户留存方面做出大量努力，取得了实实在在的效果。

受众数据化的另一个方向是目前国内也比较流行的"个性化推送"服务。在这方面，做得最好的是BuzzFeed客户端。2006年创建的BuzzFeed网站是新闻聚合类网站，也就是说，BuzzFeed本身并不生产任何内容，而是从数百个新闻博客获取订阅源，通过搜索、发送信息链接，为用户浏览当天网上的最热门事件提供方便，被称为是媒体行业的颠覆者。十多年的时间内，BuzzFeed借助最拿手的小猫小狗榜单图让自己的内容风靡社交网络，并发展成为一个盈利的内容网站。2016年，BuzzFeed更是成功筹得了2亿美元的G轮融资，估值15亿美元。

一个仅靠新闻聚合来实现盈利的网站，在不生产任何优质内容的情况下，是凭借什么获取了投资者和用户的青睐呢？究其根本，就是大数据算法。BuzzFeed有一套自主开发的内容管理系统。通过这套系统，BuzzFeed运用特定算法对网络内容进行扫描，那些越受欢迎的短视频、图片或文字，就越容易被传播和分享。基于对内容的分析和甄选，BuzzFeed总能够找到网友的兴奋点，并吸引受众关注自己网站上的内容。例如，用皮筋爆西瓜，或者在普通人看来只是一则闹剧，但却在网站上有超高的点击率，恰恰说明BuzzFeed基于大数据判断"优质内容"，有其独到之处。

另一方面，BuzzFeed还通过大数据判断受众的兴趣点。有的受众习惯宠物的图片，有的受众喜欢生活中的恶作剧，还有的受众喜欢生活中的小实验。根据受众的兴奋点，BuzzFeed能够较准确地向受众推荐相关内容，促使受众查看之后并在社交媒体上分享，这样基于精准数据分析增强受众黏性的做法，取得了较好的效果。

BuzzFeed并非一家生产新闻资讯的传统意义上的媒体，但却在激烈的媒体竞争中得以立足，并表现出较强的优势。这恰恰说明，大数据在今天的资讯传播中所具有的重要作用。事实上，通过后台算法对优质内容或受众做出判断，同样可以创造价值。

当然，2016年之后，新闻聚合类网站的整体表现渐渐有些落寞。伴随着美国用户对各种时事和社会事件愈发关心，许多人的兴趣转回至主流新闻网站，BuzzFeed这样的新闻聚合类网站访问量却在持续下降。尤其是在过去两年间，BuzzFeed的访问量大致以10%的速度在下滑。这样的趋势说明，受众的兴趣总是不断变化，仅凭算法包打天下，或许并非可持续发展之路。唯有优质内容和精通算法相结合，才能在更长远的时间内锁定受众，提升资讯平台的品牌价值。

（三）营销数据化

营销关乎媒体的生存，关系到媒体的长远发展。仅有优质内容生产机制，在营销方面无所作为，媒体也会面临发展的困境。因此，怎样通过先进的管理机制和营销手段不断提升营销的效果，这是媒体管理者必须关注的焦点话题。近年来，新媒体技术手段不断被应用于媒体营销，使营销的效果不断提升。尤其是大数据被广泛应用在营销领域，改变了传统媒体营销业务"粗线条"的操作模式，使广告投放和营销资讯的精准度大为提升。

2018年，一场倍受关注的听证会在美国国会举行。在这场持续两天、长达十小时的听证会当中，脸谱（Facebook）创始人扎克伯格面对参众两院议员们的狂轰乱炸的提问，试图向国会和美国公众解释Facebook的盈利模式和倍受指责的信息泄露问题。尽管这场听证会因一次大规模信息泄露问题而起，但众多国会议员的问题却围绕着Facebook如何获取用户信息，大数据如何管理，广告营销业务如何展开等。在听证会中，Facebook依托于大数据精准开展营销的相关情况，通过扎克伯格的介绍为众人所熟知。

例如，当隐私泄漏事件发生后，外界普遍质疑Facebook将用户数据销售给广告商。在听证会上，参议员约翰·科内恩（John Cornyn）就此直接发问，扎克伯格回答："人们普遍存在一种误解，认为Facebook将用户数据卖给广告商。事实上，我们从来不这么做。我们的运营方式是，广告商告诉我们其广告投放的目标人群，我们来替他们进行广告投放。例如，广告商找到我们说'我是一家滑雪用品商店，我们想把滑雪用具卖给女士'，然后我们就会判断哪些用户是潜在的消费者。他们或许曾经分享过滑雪相关的内容，或许曾经在Facebook上提起他们喜欢滑雪。他们曾经告知他们女性的身份。然后，我们把广告推送给这部分人群。在这个过程中，用户数据从未易手也不曾交到广告商的手中。这就是我们最基本的工作模式。这样的工作模式却常常被人误解。"

从扎克伯格的这段介绍中我们可以看出，Facebook在精准识别用户身份，根据用户发帖情况预判用户兴趣等方面，有其一整套成熟的模式。尽管扎克伯格在听证会上着力阐释的重点是Facebook并未把用户数据出卖给广告商，但这段介绍却明白无误地告诉公众其在大数据分析和使用方面已经有了系统化的操作。

在听证会上，参议员比尔·尼尔森（Bill Nelson）也用自己的经历，从用户的视角讲述了Facebook依托于大数据推动营销更加精准化的情况。尽管比尔·尼尔森言语中对于Facebook的推销方式多有反感，但他所阐释的案例却说明Facebook的营销手段已经依托于大数据分析进入智能化的阶段。他说："在脸谱上，我和朋友们交流说喜欢某种巧克力。然后突然间，我开始收到巧克力的广告。我要是不喜欢收到这样的广告怎么办？"

无论是"滑雪用具"还是"巧克力"，互联网时代的营销已经离不开大数据的支持。在传统媒体，产品广告的投放往往很难做到"精准"。例如，电视节目的广告只能依托于受众调查去挖掘目标人群喜欢哪一类节目，如体育类节目男性受众较多，相对而言啤酒、汽车等广告商投放就相对集中。要想做到更进一步精细化，则很难。互联网时代，用户参数可以更加详尽，除了"年龄""性别""地域""职业"等指标外，"爱好""婚恋""经历"，甚至"是否喜欢表达自我""是否使用过某一产品""对某一事件的态度"等都可以通过大数据加以分析，并使营销信息精准送达目标人群。

必须说明的是，虽然Facebook的大数据营销取得了良好的效果，使Facebook的广告收入不断上涨，其数据营销的效果却毁誉参半。事实上，从当前的技术分析能力来看，要想通过用户的网络数据来作出精准判断，并不容易。一方面，人类的情感高度复杂。在网络上提及某一种巧克力品牌，并不一定意味着对其感兴趣，甚至有可能是反感。但大数据营销却不作区分，一并推送广告，让用户体验下降。另一方面，诸如此类的大数据营销也往往让用户产生恐慌，担心企业或平台"窃取"用户的私人隐私，这些难题都困扰着媒体或互联网平台，使营销无法取得更好的业绩和更精准的效果。

人工智能

能够使机器产生思考能力、甚至学习能力，最终使机器替代人类进行创造性劳动，这是好莱坞电影和科幻小说中常有的情节或畅想。伴随着人类科技的不断发展进步，人工智能（Artificial Intelligence）技术正不断取得新的发展，孕育着新的可能，即将迎来新的突破。近几年，谷歌开发的智能终端Alpha Go在与李世石、柯洁等人类顶尖围棋选手的博弈中，频频占据上风，赚足了媒体的关注和人们的眼球，也让人们对于人工智能的未来充满信心。既然人工智能产品能够在下围棋的过程中替代人脑，能够在自动驾驶汽车中根据路况实时调整车辆的速度和方向，或许在更多思考性和创造性领域中，人工智能或许也能迎来突破。

近年来，伴随着人工智能技术的发展，新闻传媒领域一方面对人工智能技术积极报道，另一方面也不断探索将人工智能技术应用于新闻传媒领域。一大批鲜活的实验取得了成果，在让人们看到人工智能在传媒领域应用的广阔前景时，也不免产生担忧：人工智能会让记者失业吗？

西方的新闻传媒行业，近年来将人工智能技术应用于新闻传媒的诸多领域，主要有以下几方面：

（1）整合新闻稿件。英国广播公司（BBC）近年来推出了一款人工智能新闻机器人，取名"榨汁机"（Juicer）。顾名思义，榨汁机能够萃取水果当中的精华，同时祛除营养并不丰富的渣滓，新闻机器人的工作也能取得同样的效果。Juicer能够将BBC记者的报道与其他传媒机构的相关报道整合，将新闻的重要信息抽取出来并整合成为一篇全新的新闻稿件。BBC甚至推动自由撰稿人与Juicer的对接，使得公司不必投入大量人力去整合海量的新闻稿件。这样的人工智能技术，解放了一部分劳动力，使他们能够投入到更具创造性的工作当中。

（2）承担乏味无聊的任务。美联社（AP）开发了一款人工智能机器人"新闻跟踪者"（News Tracer），能够替代人类做一些相对乏味无聊的工作，例如，24小时追踪突发新闻。以往，类似的岗位往往需要记者付出大量精力，实时关注各类突发新闻的发生，并果断采取行动予以跟进。而当人工智能技术应用于这类工作之后，一方面减少了人为差错和失误的比例，不会让任何一条突发新闻轻易漏过；另一方面使得记者能够从此类乏味的工作中解放出来。

（3）自动为文章或视频附加标签和相关链接。《纽约时报》开发了一款名为"编辑者"（Editor）的人工智能系统，它可以自动为其网站上的文章加上标签，在文末加上推荐阅读。事实上，当记者撰写一篇网文时，文章中出现的人物、事件、专有名词都需要加注标签。这样做能够有效增加用户在网站上浏览的时间，为用户理解文章内容提供重要的参考信息。同时，文末的相关文章阅读，也需要较高的精准度才能锁定用户的兴趣。这样的工作由机器替代人类，从理论上分析本就是大概率事件。诸如此类的应用还包括《华盛顿邮报》的人工智能产品"知识地图"（Knowledge Map）。它能够自动在文中提示相关背景信息，让用户在阅读时很自然地获取背景知识，帮助理解稿件的信息。例如，当

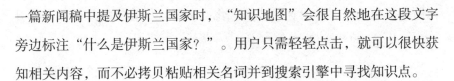

一篇新闻稿中提及伊斯兰国家时，"知识地图"会很自然地在这段文字旁边标注"什么是伊斯兰国家？"。用户只需轻轻点击，就可以很快获知相关内容，而不必拷贝粘贴相关名词并到搜索引擎中寻找知识点。

（4）识别并祛除虚假新闻。脸谱（Facebook）开发了一款人工智能产品，专门识别并祛除在其社交网络上的虚假新闻。事实上，社交媒体上的内容泥沙俱下、鱼龙混杂，人们常常无法获知一篇文章内容的真假。Facebook通过设定一系列参数，能够获取社交媒体上虚假文章的蛛丝马迹，自动识别并祛除这类文章。假想一下，在社交媒体的海量信息当中，凭借人力去完成这样的工作，无疑是很艰难的一件事情，需要大量人力和精力。人工智能手段的应用，无疑提升了效率。同时，"去伪"才能"存真"，这项工作也让Facebook上新闻的含金量有所提高。

（5）数据新闻视觉化呈现。2016年，路透社与一家公司合作（Graphiq）推出了互动数据视觉化呈现的即时服务。当读者阅读一篇新闻时，人工智能软件将提供互动数据化呈现效果。例如，当一篇新闻涉及苹果股价时，应读者需求将即时呈现苹果股价的图示。或是一篇文章谈及对总统特朗普的争论时，互动视觉图将呈现特朗普的支持率情况。这样的数据新闻视觉化呈现，本就是互联网新闻的发展趋势，通过互动方式加以自动呈现，将更好地提升阅读体验。

（6）自动写稿。利用人工智能技术发明的写稿机器人，已经广泛应用在美国的新闻报道当中，尤其是在财经和体育新闻领域，写稿机器人的应用超过了其他范畴。雅虎（Yahoo）和美联社（Associated Press）相当一部分财经报道和体育新闻都是机器人"文字匠"（WordSmith）所撰写的。只要导入最新的数据，WordSmith在1分钟内最快可以生成2000篇报道。机器人工作的原理就是将财报、比分等数据分门别类放入新闻模板当中，并迅速生成格式化的文章。尽管文章并不一定吸引人，但却远超人类记者写稿的速度。

除了WordSmith外，《纽约时报》《华盛顿邮报》《洛杉矶时报》等媒体都采用写稿机器人来提升发稿速度。例如，《洛杉矶时报》利用爬虫系统自动获取美国地质勘探局的地震信息，并填入相应的新闻模板，可以在极短的时间内发布地震的消息。2014年3月18日，《洛杉矶时报》凭借写稿机器人，第一时间发布了地震的消息。

2015年5月，美国国家公共广播（NPR）驻白宫记者、前任商业记者斯科特·赫斯利（Scott Horsley）与写稿机器人"文字匠"（WordSmith）进行了一场倍受关注的写稿大赛。两位参赛者等到餐饮企业Denny's的财报发出后，第一时间撰写报道，既比拼速度也比拼质量。比赛结果，机器人WordSmith在速度上碾压了人类记者，仅用时2分钟，大大快于斯科特·赫斯利的7分钟。然而在质量上，显然机器人尚无法与人类记者相比拼。在NPR发起的网络投票中，机器人获得了912票，而Scott的文章获得了9916票。绝大多数读者，依然喜欢人类记者的笔触。这样的比赛也引发了广泛的讨论：究竟人类记者能否最终被机器人所代替。从比赛结果来看，或许一段时间内绝大多数记者尚不必担忧。目前，只是模块化较多的一些新闻范畴，写稿机器人的应用较普遍。对于新闻报道而言，速度纵然很重要，但也并非读者期待的全部。然而从长远来看，人工智能技术已经在机器人不断进化、自我学习方面取得重要进展。伴随着人工智能技术取得长足进步，机器人在新闻领域的应用只会越来越广泛，而不是相反。

（7）人工智能语音识别。在过去的几年间，人工智能语音识别成为人工智能技术一个新的发力点。尤其是在2018年，以智能语音为核心技术推出的硬件产品越来越多，形成了较强的竞争态势，也给受众提供了更多选择。事实上，对于智能语音市场的争夺，既是对智能家居入口的争夺。亚马逊Alexa、谷歌Assistant、苹果HomePod、微软Cortana、三星Bixby等一系列产品，都在为争夺进入受众客厅的一张入场券而不懈努力。在中国，情况同样如此。百度度秘、阿里天猫精灵、京东叮咚、小米AI等一系列产品，都以语音识别作为核心技术寻求硬件方面的突破。

无论互联网巨头在技术层面如何竞争，给传媒机构带来的都是新的机遇和挑战。例如，亚马逊联合《华盛顿邮报》推出了“读新闻”应用产品——Polly，利用人工智能语音识别技术，根据用户语音指令读出新闻。具备了“读新闻”能力的硬件产品，能够通过Polly为用户播放商业、科技、娱乐和生活方式4个板块的资讯。这款智能语音产品提供47种真人发音，支持24种语言，让新闻资讯的消费有了不一样的体验。

2015年，微软曾推出一款“读新闻”的概念性应用NewsCast，帮助用户收集互联网中的最新资讯，并转成播放列表，将新闻通过语音形式向用户播放新闻摘要。尽管NewsCast只是一款概念产品，但它却无意间打开了潘多拉魔盒。对于信息时代的受众而言，过多的新闻产品都为视觉而开发，音频产品不温不火。然而伴随着人们通勤开车时间的增多，在家中做家务等场景下，听觉产品和内容的开发已经到了突破的门槛。可以想见，在未来一段时间内，听觉资讯产品的软件和硬件都将进入集中爆发期，竞争将日趋激烈，但对受众而言，则意味着更多选择和更便捷的服务。

推动人类社会不断向前发展的力量，马克思主义认为“生产力与生产关系"是关键。当生产关系适应生产力时，生产力就能得到极大的解放和进步。反之，假若生产关系不适应甚至制约生产力发展时，社会就会以革命等形态推动生产关系的颠覆和改变。也有人认为，推动人类社会发展的关键力量是"技术"。每当技术出现大发展、大跨越时，都会不可避免地带来组织流程、生产方式、流通方式、消费方式的变革。毫无疑问，互联网的发展和新兴技术的不断涌现，正以前所未有的速度改变着我们的生活方式。对于传媒和资讯产业而言，传统的读报纸、听广播、看电视正在迅疾地发生着变化。尤其是人工智能、大数据、云计算、物联网等新兴技术不断成熟和发展，改变着人们消费新闻的方式和场景，也改变着媒体行业的生产方式和流程。过去，以媒体为中心的传播方式已经被颠覆。如今，以受众为中心的资讯传播方式正风起云涌。对于媒体机构而言，能够在多快的速度、多大程度上接受甚至拥抱新技术变革，不仅意味着影响力的提升，更意味着媒体机构的生存。那些头脑中被固有思维桎梏的传统媒体，必将被淘汰。而大胆拥抱新兴技术，不断用新的生产方式和传播方式来匹配新技术手段的媒体，则会在激烈的竞争中立足并占有一席之地。

牢牢把握时代潮流　牢牢把握用户体验

——美国传媒业融合发展带来的启示和思考

2014年，被中国传媒业称为"媒体融合元年"。从那时起到现在，中国的媒体机构和传媒从业者努力迎接信息时代挑战，不断调整、尝试、探索，推动媒体转型升级，以适应新技术变革给传媒领域带来的挑战和变化。几年时间过去了，许多传统媒体的变革之路取得了长足的进步，对于新兴业态的发展有了更进一步的认识。同时，也有不少媒体走了弯路，媒体影响力持续下滑。

在中国传媒行业深入推进媒体融合进程的同时，美国传媒行业也在持续变革当中。互联网从美国发展起步，也使得美国的传媒行业更早地面对了互联网的冲击，更早尝试媒体转型和融合发展。从这个意义而言，美国的传媒业和传媒机构所面对的形势、发展的路径、融合的举措、取得的成绩和遭遇的挫折，都值得我们审慎分析并汲取养分。虽然两个国家在意识形态和文化渊源等诸多方面存在不同，传媒行业的发展依然有太多共通之处，也有可彼此学习借鉴的方面。

前面篇章的案例分析，使得我们能够对美国传媒行业的发展变化有更加直观的了解，对于媒体转型发展有更真实的认知，对于传媒业在发展转型中的共性课题有了更明晰的感受。美国传媒行业在面对新兴媒体崛起和进行数字化转型的过程中，总结出的一些宝贵经验，可以给中国的新闻媒体许多启示。总结分析，有以下几点原则必须坚持：

一、牢牢把握媒体行业的职责使命，给受众提供优质内容依然是不变的主题

新闻媒体工作的本质，是为社会提供信息服务。新闻媒体的职责使命，是为每一位受众提供准确、迅捷、全面、深入的新闻资讯和优质丰富的娱乐内容。纵然时代不断变迁，信息社会已经让人类进入了"全球、全民、全媒"的新媒体时代，新闻媒体的工作性质和职责使命却没有丝毫变化。传媒行业依然要承担起信息服务的社会责任，依然要给受众提供准确、迅速、全面、深入的新闻资讯和优质丰富的娱乐内容。因此，恪守职责，坚守使命，依然是媒体行业和媒体从业者的"本分"。

近年来，当媒体行业不断变革调整的进程中，一些媒体机构采取企业化、集团化经营模式，这本身并没有错。但一些媒体机构的业务拓展渐渐偏离了信息服务行业的本源，甚至有一些传媒从业者认为，新闻传媒行业利润率太低，应当跨界进入电信、金融或房地产等行业，让媒体机构摆脱资金匮乏的窘境。事实上，当媒体集团业务规模不断扩大进入非传媒领域时，相关产业的盈利的确能够反哺传媒行业。但就媒体行业本身而言，把发展的目标定位于媒体职责使命之外，显然并不合适。适当的跨界或许可以理解，为的是更加突出主业，而不是游离于主业之外。

从美国传媒机构的融合发展来看，牢牢坚守主业是不变的宗旨。《纽约时报》在电子时代依然具有重要的影响力，不是因为其资金实力雄厚，而是因为它依然能够每天推出独家报道，常常推出重磅消息。美国全国广播公司（NPR），在互联网音频传播中，依然占有霸主地位，同样源于其强大的深度报道能力和音频制作水平。在苹果Podcast前十名的音频作品中，NPR常常占据6—8席，恰恰说明了这一点。假想一下，假若《纽约时报》和NPR丢弃了其在传统媒体时代长期积累的报道实力，还能在新媒体领域有这样的影响力吗？

就新闻媒体的天职而言，为受众提供优质内容依然是不变的主题。无论是在传统媒体平台还是新媒体平台，无论是在线上还是线下，无论是使用传统播出手段还是新兴技术手段，这样的主题都不会有任何变化。媒体行业的职责使命没有变化，就意味着突出新闻价值的核心要素依然具有重要的意义——时新性、接近性、显著性、重要性、趣味性。无论受众是从传统播出平台接收资讯还是从互联网等新媒体端获取信息，媒体所呈现的资讯都要具有新闻价值的核心要素。当然，"接近性"似乎与互联网的"全球属性"有所违逆，但事实上其依然在受众眼中具有不可替代的重要价值。

今天，由于多元信息渠道的存在，人们对于资讯的要求更高。在互联网诞生之前，人们获取资讯的主要渠道是报纸、杂志、广播、电视。尽管报纸每日出版，但已经能够较好地满足人们对于时效性的需求。今天，人们要求更快的资讯、更准确的讯息、更全面的报道、更多元的视角……这一切，都对传统媒体的运营方式和管理水平提出了更高的要求。在这样一个人人都有麦克风的时代，需要新闻媒体准确把握时代特点，大胆运用新兴技术手段，抓住受众不断增长的信息需求，更好地完成职责使命。

二、牢牢把握信息时代的潮流和大势，用新技术手段实现"自我革命"

人类社会的巨大跨越和不断发展，往往源于突破性技术变革。从电力的出现到蒸汽机的发明，从原子能的发现到基因技术的突破，每一次技术上的重大发现，都会带来许多行业的颠覆性变革。例如，当蒸汽机的发明孕育了汽车制造行业的重大突破，整个马车行业迅速消亡，而汽车行业带来了更多便利和更大机遇。互联网的出现同样如此。当互联网技术拉近了人与人之间的距离，让信息传递变得如此简单时，传统的邮政行业、零售行业、印刷行业，乃至新闻行业都面临巨大的挑战和变革的机遇。

当新技术不断涌现，是抗拒还是拥抱，往往决定着一家机构甚至一个行业的命运。当马车夫工会推动禁令并禁止汽车上路，认为汽车会惊吓到马匹从而给马车乘客带来安全隐患时，人们不曾想到汽车的崛起一发不可收拾，而马车行业的消亡会如此之快。因此，牢牢把握信息时代的潮流和大势，用新技术手段不断实现"自我革命"，是传统媒体生存和发展的关键。正因与此，"媒体融合"的话题才会引发关注。事实上，"融合"就是要用传统媒体的采编和优质内容生产能力与新技术、新传播手段和新平台相融，推动信息服务带给受众更多的价值。

美国传媒机构在运用新兴技术方面，曾经走过不少弯路，从抗拒到迟疑，不少新闻传媒机构在几年时间内面临生死存亡的窘迫局面。创办于1933年的《新闻周刊》（*Newsweek*）曾与《时代》（*Time*）、《美国新闻和世界报道》（*U.S. News & World Report*）并称为美国三大周刊。2003年，互联网发展已经来势汹汹之时，《新闻周刊》的发行量依然高达400万份。良好的业绩掩盖了危机的到来，仅仅四年之后的2007年，《新闻周刊》的经营性亏损就高达4400万美元。2010年8月2日，《新闻周刊》被以1美元的象征性价格出售给91岁美国大亨、慈善家西德尼·哈曼，期待由老迈而新生，由平媒向充满生机的全媒体华丽转型。然而，一切举措都为时已晚。2012年12月，《新闻周刊》发布了创刊80年的最后一本纸质杂志，封面用醒目大字告诉读者，那是其"最后一期纸质发行"。尽管在2014年《新闻周刊》几度易手后重启纸质发行，但影响力已经今不如昔，再也无法找到信息时代自己生存的空间与发展的机遇。

像《新闻周刊》这样曾经一度声名显赫的媒体机构最后黯然离场，在美国不在少数。然而与此同时，许多传媒机构也张开双臂，热情拥抱新技术带来的变革。《纽约时报》《今日美国》《华盛顿邮报》等一些媒体机构高度重视数字发行和全媒体生产，无论是通过社交媒体扩大影响力还是推动数字订阅，无论是倾注力量打造短视频新闻还是尝试虚拟现实技术给受众带来的沉浸式体验，新技术再也不是横亘在眼前的大山，更是能够让传统媒体迎接信息时代挑战的一对翅膀。

把握信息时代的潮流和大势，就是要用开放的胸怀去拥抱新技术手段，勇于尝试新技术手段给媒体传播力和影响力带来的效应。把握信息时代的潮流和大势，还意味着在接纳新技术带来的变化时，勇于自我革命，一方面大力吸引人才驾驭新技术；另一方面革敝求新，改革体制机制等制度性制约因素，让新技术的运用和创新环境蔚然成风。近年来，我国传媒行业在运用新技术手段上取得了长足的进步，但依然存在浅尝辄止、追求肤浅华丽的表象、过度迷信点击率等问题，未能真正使新技术手段的运用成为媒体基因的一部分。这些问题都必须得到妥善解决，才能让媒体融合的进程大大加快，让媒体的影响力不断跃上台阶。

三、牢牢扭住"用户体验"的关键点，让简单的信息服务不断"增值"

"用户体验"（User Experience）一词，起源于西方经济学，最早被广泛认知是在20世纪90年代中期，由用户体验设计师唐纳德·诺曼（Donald Norman）提出和推广。无论是"感观体验"、"交互体验"还是"情感体验"，用户的感受和反馈贯穿在一切设计、创新过程当中。计算机技术和互联网的发展，使技术创新形态正在发生转变，以用户为中心、以人为本越来越得到重视，用户体验也因此被称做创新2.0模式的精髓。

新闻传播产品，与其他所有实物商品或精神产品相似，都需要有效到达用户才能完成传播或消费的闭环。正因与此，如何精心打造精神产品去满足受众的需要，理应是新闻传播工作的焦点。换句话说，如果了解和把脉受众的需求，向受众提供其所需要的精神文化产品，是新闻传播机构在发展中需要高度关注的工作。尤其是当用户的接受渠道、心理预期和精神需求都在不断发生变化时，传媒机构的报道方式、传播路径和传播内容也应当加以改变。唯有从受众体验的视角出发，源源不断地给受众带来最大价值的精神文化产品，才是有用的产品。这样的报道和内容，才能在激烈竞争的传播格局中受到欢迎，也才能在新媒体时代的发展潮流中立于不败之地。

在新媒体时代，美国的传媒机构倍加重视受众调研和传播反馈，这是提升用户体验的必要条件。假若媒体机构依然把衡量标准置于"自我感觉"的基础之上，就难以从根本上改善传播中的弊端和问题，就难以实质性提升用户体验。

提升用户体验的关键，是要在给受众提供信息的同时，不断提升增值服务，让受众在获取信息时能够有更大的信息量、更丰富的直观感受、更深入的体会、更惬意的消遣。而要做到这些，媒体机构需要不断从受众视角去打磨精品，让传统媒体时代的白纸黑字变成富媒体信息，让简单的视频传播变成沉浸式体验，让线性音频广播变成每一位受众掌上随意点播选听的优质内容。当然，这也意味着媒体工作者工作量的成倍增加。此前媒体记者或者只需做好文字采访即可，现在则必须文字、图片、音频、视频同步采集并不断加强后期编辑和包装的工作。这需要媒体机构改变习惯的管理方式和操作模式，让管理能够适应变化的环境，让信息服务的增值成为常态。

提升受众的"用户体验"，不能忽视媒体从业者的感受，必须不断提升记者编辑和制作人员的积极性。正如餐饮行业一样，当餐厅服务员工作时的心情良好时，就会把这样的好心情传递给消费者。而当餐厅服务员心情沮丧甚至感到愤怒时，要想给食客提供良好的服务体验是根本不可能的事情。因此，提升用户体验的前提条件是记者编辑和制作人员能够心情愉悦地接受每一个采访和编辑任务，能够从每一篇报道中获得成就感，能够从受众的阅读当中体会到自身工作的价值，这一切都有赖于良好的媒体管理和激励性政策。这也是媒体融合进程中，传统媒体机构必须认真研究并不断关注的重点工作。

当然，在强调"用户体验"的同时，我们必须明白"用户"并非某一个体或某一人群。用户是一个庞大群体，不同人群直接的关注点、兴趣点和评判标准各不相同。强调用户体验并非要用色情、暴力、凶杀等庸俗内容去迎合恶趣味。勿忘媒体的舆论引导职责，媒体才能走得远。归根结底，为用户提供源源不断的价值，媒体才能在时代不断变迁的过程中立于不败之地。

如果说"服务社会"是职责，"用好技术"是手段，"创造价值"是关键，媒体融合发展就能做到"不忘初心"。相反，假若媒体机构在汹涌而至的互联网大潮面前迷失了自我，忘却了"服务社会""用好技术""创造价值"的初心，纵然能够在某些报道和某些新闻大战中逞一时之快，也很难走得长久。当然，仅有"使命在肩"的责任感，要想在激烈的媒体竞争中立足，也是远远不够的。在迎接信息时代挑战的时代，新闻媒体要把握好原则性理念的同时，统筹处理好一些关系。具体而言，就是要做到八个"统一"。

一、"媒体融合"与"媒介分化"相统一

过去十年间，美国学术领域对"媒体融合"与"媒介分化"的研究逐步深入，对于传统媒体在推进"媒体融合"进程中如何系统应对新媒体挑战有了更清晰的概念，对于"媒体融合"和"媒介分化"能够给媒体转型带来的效果与局限有了更理性的认识。结合理论与美国传媒业媒体融合的实践，我们能够得出结论：其一，"媒体融合"是时代发展的潮流和趋势，不以人的意志为转移。其二，"媒体融合"同样是手段，能够让传媒机构在应对新技术挑战时以更加专注的姿态较快地实现转身。其三，"媒体融合"与"媒介分化"既对立，又统一，在不同时期

与不同际遇下，有针对性地融合或分割业务线能够让传媒机构更好地提升新媒体传播能力和影响力。其四，"融合"或"分化"，没有成熟模板，要根据传媒机构自身情况审慎作出判断。

从过去十多年间美国传媒机构的实践情况来看，我们同样要摈弃错误的观念。一方面，一些媒体机构在面对新媒体挑战时，盲目追求"以大为美"，认为只要传统媒体与新媒体部门捏合到一起大兵团作战，就能够实现"1+1>2"的效果，这是一种认识上的误区。美国在线（AOL）的惨痛经历告诉我们，在信息时代或许"大"不如"专"更能够实现业务突破和影响力的提升，一切要以受众是否买账作为衡量的重要标准。另一方面，"融合"或"分化"并非二选一的选择题。事实上，在媒体机构向全媒体拓展的过程中，全员都要有"融合"的理念，但具体至某一部门，则需要"专业的人做专业的事"，把"分化"的工作做到实处。例如，全国公共广播（NPR）一方面对全员进行多轮培训，要求编辑记者主持人能够具备全媒体视角，同时建立专门的视频制作团队和社交媒体团队，让专业分工更细致。

在融合发展的进程中，战略层面的融合、组织机构的融合、生产流程的融合、传播平台的融合是有效推动媒体转型的关键。与此同时，整合撤并业务线并强化新媒体传播能力，设置专门团队打磨新媒体产品，设置创新团队学习和引入新技术手段，同样对于提升媒体的品牌影响力和传播力至关重要。摈弃把"媒体融合"与"媒介分化"对立起来的观念，传统媒体才能在融合发展的过程中有合有分、统分结合，既让媒体机构向着提升新媒体传播能力的方向不断迈进，同时又合理安排流程，让每一个新媒体产品都能够契合新媒体传播特点，获得受众的认可。

二、"内容为王"与"渠道为王"相统一

"内容为王"与"渠道为王"的争论近些年被频频提起，许多传统媒体的从业者对于"内容为王"深信不疑，认为"酒香不怕巷子深"，只要内容产品过硬，只要报道够深入、够迅捷，就能够吸引受众的关注。相对而言，许多新媒体的从业者更愿意相信"渠道为王"的理念。互联网首先是作为一种传播渠道出现的，它对传统媒体版图的影响充分说明，渠道的力量不容忽视。

事实上，把"内容为王"与"渠道为王"统一起来看待，才是辩证、科学的态度。在新闻传播的过程中，一篇稿件经过记者采访、编辑修改、后期制作，并未完成传播的全部路径。只有新闻报道登载在版面上、经电视节目播出或是置于互联网空间甚至推送给受众，在受众阅读、观看、消化之后，才完成了一次传播的闭环。因此，打磨内容与通过合适的渠道传播，彼此并不矛盾。所谓的"内容为王"，只是对新媒体渠道的抵触情绪在作祟。即便是在没有互联网的时代，没有电视机、收音机或报纸的传播发行渠道，新闻机构的工作也是毫无意义的。同理，假若只有渠道，没有优质的内容，新闻机构也很难完成所肩负的使命和社会责任。唯有把"内容为王"与"渠道为王"统一起来看待，才能够让传媒机构不断提升传播力、公信力和影响力。

近年来，美国的传媒机构在发展进程中，一方面高度重视采编能力，不断打磨核心竞争力。另一方面，不断打通传播渠道，以最优路径贴近受众。在美国全国公共广播（NPR）融合发展的过程中你，这一点体现得尤其明显。尽管时代变迁，NPR却牢牢把握自身的深度

报道能力，不断提升采编团队的素质和水平，有影响力的报道常常出现，确保了NPR品牌的影响力。同时，NPR亦不忘打通渠道，在脸谱（Facebook）、推特（Twitter）和Youtube等平台上纷纷建立了专业账号并经由专门团队不断发布讯息、推送消息。在美国，有影响力的社交媒体平台有近十家，远比中国要多。打通社交媒体的传播渠道，需要真金白银的投入和专业团队的搭建，这不是一个简单的事情。然而，NPR却不遗余力投入渠道的建立，甚至打磨出多款有影响力的APP，使NPR与受众之间的桥梁畅通。正因与此，NPR作为一家广播电台，在新媒体时代也能够很好地保持影响力，甚至深得受众的信赖。假想一下，假若仅仅秉持着"内容为王"或"渠道为王"的理念，NPR恐怕不会有今天的影响力。

因此，在媒体融合发展的进程中，要把渠道与内容打通，要让优质内容没有损耗地传递到受众的手中，只有这样才能让源源不断的优质内容成为媒体影响力的基石，也能够让采编团队不断从受众的反馈中得到激励。

三、"内部整合"与"外部拓展"相统一

媒体融合发展，不仅仅是媒体机构应对舆论传播环境变化和新技术挑战的过程，同样是媒体机构梳理流程、调整业务、优化架构的重要过程。分析近年来媒体融合的成功实践，我们可以得出结论，在推动媒体融合发展的过程中"内部整合"和"外部拓展"必须相统一，通过理顺内部流程与有效利用外部资源，实现高效发展。

在国内媒体的融合发展案例当中，采编流程再造和中央厨房建设

往往是媒体融合成败的关键。从辩证法的视角来分析，任何事物的变化都源于外部环境的刺激，但决定事物转变的关键性因素往往来源于事物内部。因此，在信息时代要想媒体机构实现有效变革，内部流程的优化和组织机构的变革不可或缺。尤其是传统媒体的流程和架构往往是线性的，换句话说，很像工业化生产时代的流水线。而数字时代，线性架构或流程往往很难实现"以创新为中心"。要想推动融合发展，就必须优化采编流程，激发创新活力。

从美国传媒机构近些年的数字化转型来看，着力改造内部架构和流程，近乎成为媒体融合发展的必修课。尽管早期许多传媒机构把过多精力放在了并购重组等资产层面的整合上，但很快媒体机构就意识到内部流程变革的重要性。《纽约时报》在其编辑部改造的过程中，历经数次反复，找到了最优配置。坦帕新闻中心之所以引起媒体学者和媒体同行的高度关注，也是因为较早实现了内部整合和联署办公。事实上，没有一家传媒机构在未对内部架构和流程做变革的基础上有效实现数字转身。这也告诉我们，内部整合是媒体融合必不可少的环节和步骤。

同样道理，媒体融合发展的过程中，有效拓展外部资源也不可或缺。对于传统媒体机构而言，无论广播、电视还是纸媒，转向互联网传播都意味着"半路出家"。没有哪家传统媒体先天具有新媒体基因，因此在融合发展和数字转型的过程中需要有效利用外部资源。尤其是在新媒体领域，音视频、设计制作、后期包装、虚拟现实（VR）、增强现实（AR）等诸多技术都需要专业知识，显然没有哪家媒体可以包打天下。近年来，一些传统媒体大力引进外部人才，用职业人才率领职业团队去完成技术性较强的工作。另一方面，许多传媒机构在重大新闻战役启动前，也会将相应工作外包，让专业公司协助打造互联网资讯产品。

例如，在奥运会等重大报道之前，《纽约时报》和《华盛顿邮报》都会精心设计报道方案，对于起重工技术性较强的工作，直接通过企业协助完成。

大力拓展和使用外部资源，还包括使用外部平台加强自身的传播力。从传统视角来看，许多传媒机构习惯于使用自己的平台和渠道。例如，报社往往自己建设自己的印厂，从采编到排版印刷，一系列流程都在自主管控的平台下进行。然而时至今日，没有一家媒体能够仅仅依靠自身渠道实现有效传播。社交媒体，作为外部渠道被许多媒体广泛使用就是一个明证。今天，许多传媒机构在建设自己的网站并打造自有品牌APP的同时，也会通过用足用好外部平台来实现增强影响力的目的，开门办台、开门办报成为常态。

现实告诉我们，在媒体融合进程中，"内部整合"和"外部拓展"必须有效结合，媒体融合发展才能步入快车道，两者任何一方都不可偏废。仅靠自我能力的提升来实现数字转型并不现实，仅靠外部资源就想实现融合发展更不合理。唯有通过"内部整合"激发团队活力，通过"外部拓展"弥补自身不足，融合发展才会真正取得实效。

四、"有所作为"与"有所不为"相统一

媒体融合之路，充满荆棘，也同样充满诱惑。一方面，在信息时代各种新技术手段不断涌现，给影响力提升和机构发展带来种种机遇。另一方面，各种经营模式、经营理念、营利方式层出不穷，也让传媒机构在发展的过程中不得不审慎研究，根据自身的情况作出判断。在这样一个机遇和挑战并存，荆棘和诱惑同在的时代，传媒机构在推进融合发展

的过程中，一定要保持清醒的头脑，坚持"有所作为"和"有所不为"相统一。在该发力的方向上坚决发力，推动影响力不断迈上台阶。同时，在与自身经营方向、经营理念相悖，或是自身难以驾驭的新技术手段上，要保持冷静，坚持"有所不为"。只有这样，才能在发展中获得主动权，把有限的资源和力量用在关键环节和关键领域上。

近年来，美国传媒机构在融合发展方面，也曾经走过不少弯路。尤其是雅虎（Yahoo）等门户网站风起云涌的年代，不少传媒机构都希望建立自己的网站，并向着门户网站的方向去发展，时代华纳（Time Warner）就是其中之一。其与美国在线（AOL）的联姻，纵然资金实力雄厚，也很难在自己并不熟知的领域全面取得市场占有地位。《纽约时报》在发展进程中，也曾希望独立发展新闻网站，但经过几番尝试后最终在融合发展的道路上迈出了坚实的脚步。坚持有所为有所不为，做得比较好的是美国全国公共广播（NPR）。尽管音乐播放和收听领域受众群体巨大，许多互联网企业觊觎这一市场，但在开发APP时，NPR牢牢坚持发展自己熟知的资讯领域，并不在音乐领域投入过多力量。几年来，NPR在音频资讯领域坚持了自己的方向，地位无可撼动。

在媒体融合的道路上，虚拟现实（VR）、增强现实（AR）、H5、区块链，一系列新概念不断涌现，一系列新技术孕育着新的机遇。媒体机构应该在保持好奇心的同时，审慎分析哪些技术可以为我所用，哪些技术和市场方向应该果断抛弃。唯有坚持"有所为"和"有所不为"并重，媒体机构才能在激烈的竞争中保持清醒头脑，把有限的资源用在刀刃上，使自身的长处得以提升，自身的短处得以规避，找到自己清晰定位的基础上实现跨越式发展。

当然，"有所作为"并不意味着只在自己熟知的领域中打转，"有所不为"也并非裹步不前。事实上，任何新技术手段的涌现和新兴运营模式的探索，都需要一个过程。对于媒体机构而言，也常常意味着做出尝试和改变，甚至引入外部资源。关键的问题是，所探索的技术和领域，是否是自身发展的方向，是否能够让自身的竞争优势进一步放大，是否可以让机构的影响力再上台阶。只有定位清晰，才能举棋若定。这需要媒体机构的管理者冷静分析、审慎判断，作出正确的决定。

五、"大胆创新"与"容错试错"相统一

媒体融合是前所未有的尝试，对任何一家机构而言，都存在风险。媒体融合的道路上，任何一个项目的规划、实施、运作，也都充满挑战，成功和失败都是转瞬之间的事情。因此，在推进媒体融合进程中，能否让媒体机构产生创新环境、形成创新氛围、孕育创新意识，至关重要。

在美国，许多传媒机构都是"百年老店"，拥有悠久的历史。然而从另一个视角来看，传统媒体往往保守色彩浓厚，喜欢沿着传统的套路和运营方式来操作。报纸依旧每日出刊、广播节目几十年不变、电视栏目依旧围绕受众的客厅传播，这些运营方式在新媒体时代已经越来越陈旧。更重要的是，许多传媒机构的从业者依旧沿着几十年的思维和采编方式运转，不知不觉间媒体的竞争力已经大打折扣。当环境不断发生变化时，组织机构亦应因时而动、顺势而为，否则就会被时代所淘汰。《新闻周刊》（*Newsweek*）在几年间经营形式急转直下，就是因为抱残守缺，依旧按照传统套路发展，最终难以扭转颓势。

这是一个不变革即后退的年代，"创新"已经成为互联网经济的主

旋律。不断学习并运用新的技术手段，不断在传统媒体的产品中加入新媒体元素，不断调整采编流程和组织架构以提升战斗力，这都需要一个鼓励创新的小环境和微环境。在美国的一些传媒机构当中，建立了"创新实验室"性质的产品部门，就是要通过不间断的创新，来孕育新的增长点。《纽约时报》甚至在网站上建立了专门的版面专区，容纳各种创新产品。

从数据新闻的解读到小视频的传播，从富媒体呈现到沉浸式报道，从智能语音到人工智能，每一次探索和创新都能给受众带来全新的感受和更丰富的价值。因此，鼓励传统媒体的采编制作人员不断创新，才能在媒体生态变化之快的今天，让媒体机构的影响力不断提升。

当然，任何的创新都可能失败。尤其是在媒体生态急剧变化、受众兴趣转变极快的今天，很有价值的新闻产品可能转瞬间就会变得无人问津。正因与此，鼓励大胆创新与容错试错密不可分。鼓励创新并"容错试错"，关键是要在体制机制上做文章。媒体机构在推进融合发展的进程中，务必摈弃"以胜败论英雄"的思想，务必摈弃"以点击量、评论量、点赞量"考核员工的理念，否则"容错试错"就会成为一句空话。

大胆试错，鼓励容错，不仅要给员工以创新空间，更要给予员工创新的资源。任何互联网领域的创新都是新技术手段、新运营模式和资金、人才匹配并产生化学反应的过程。《纽约时报》获得普利策新闻特稿奖作品《雪崩：特纳尔溪事故》（*Snow Fall：The Avalanche at Tunnel Creek*）在报道了16名滑雪爱好者遭遇雪崩的经过时，颠覆了传统报纸的新闻呈现方式，把文字、音频、视频、动漫、数字化模型（DEM）、卫星模型联动等集成，发表在《纽约时报》的网站上。这样一篇报道，投入巨大。无论是时间、资源、人力的投入，与后期网站获取的流量相比，或许都并不划算。但这样一篇报道的尝试和探索，却为《纽约时报》在未来诸多新技术的运用和新手段的探索方面，提供了重要参考和借鉴。既培养了人才，亦让许多员工脑洞大开。可以说，资源投入从长远来看是完全值得的。因此，容错试错，需要开放心胸，需要创造环境，更需要真金白银的投入。

六、"把握规律"与"把握自身"相统一

媒体融合发展，既要学习其他媒体机构的先进经验，也要根据传媒机构的社情台情，选择适合的道路。在互联网领域，有一个重要的概念和事实：在一个产品或服务领域，往往只有排名第一的机构能够有效发展并生存下来。在移动互联时代，这个道理更加浅显易懂：用户智能手机当中的空间有限，各个类别的APP常常只有一至两个。很少有用户会把大批的新闻APP都装载到手机上，每天翻看。

正因与此，"跟随"或"模仿"不是信息时代生存的路径。只有"突破"、"创新"和"与众不同"才能在激烈的竞争当中立足。当然，这一方面要求媒体机构要把握互联网时代的传播规律、创新规律和受众的消费规律。例如，伴随着基础设施不断完善和数据交换能力的提升，短视频近些年在互联网异军突起。许多传媒机构都纷纷进入短视频领域，不断提升短视频制作能力和水平。用短视频来包装重要新闻，常常能够吸引受众点击。这就是互联网发展变化中出现的新情况、新现象。又例如，受众关注资讯的渠道，这些年从门户网站突然转至社交平台，很重要的一个原因就是人们喜欢朋友或熟人分享的资讯，愿意与自己熟知的人们讨论新闻。这同样是新闻资讯消费渠道的变化。把握这些

传播规律、创新规律和受众的消费规律，就能让传媒机构走得更快。相反，当受众都在消费短视频时，我们却总是推出长篇大论的深度报道，当受众都在社交媒体探讨新闻时我们依然守着门户网站传播新闻，势必会被受众抛弃，被时代淘汰。

当然，"把握规律"意味着我们从他人的成功当中汲取经验和教训，这并不意味着亦步亦趋地模仿。在《纽约时报》推出付费墙模式之后，一些美国的纸媒纷纷推出自己的付费墙，希望借此走出发展的泥潭。但很显然，《纽约时报》能成功，其他纸媒未必能够成功。2009年，英国传媒集团Johnston曾经推出了旗下几家地方性报纸的付费墙模式，短短几个月之内便以失败告终。究其原因，《纽约时报》《金融时报》《华尔街日报》等报章是享有盛誉的全国性报纸，人们依然愿意为优质内容或品牌付费的同时，却依然吝惜为地方性报纸付费。2010年，美国调研机构哈里斯（Harris）对2000名受访者进行了调查，有77%的受访者表示他们对于付费看存储在网络上的报纸毫无兴趣。这恰恰说明，在互联网时代，不加区分地模仿和跟随，往往是死路一条。

当然，事物的另一面同样是真理。当市场竞争残酷而惨烈时，冷静分析现实和规律，找到自身的定位，就能在竞争中杀出一条血路。在这方面最成功的案例是新闻客户端Buzzfeed。在新闻客户端的市场当中，不乏携强大采编能力的老牌媒体，也不乏互联网时代的新锐。BuzzFeed冷静分析市场，推出了以用户大数据分析为基础推送新闻的客户端。用户在阅读和观看视频的过程中，对某一类题材格外偏好，BuzzFeed就会依托于受众分析的结果，为该用户推荐相关内容。由于准确度相对较高，很快获得了市场的青睐，在激烈的竞争中找到了一条适合自身发展的道路。

　　"把握规律"就是要找到通往成功的大门，"把握自身"就是要冷静分析自己的优劣得失，找到打开大门的钥匙，二者辩证统一。一方面，互联网竞争高度惨烈，需要传媒机构认真研究传播规律和受众消费规律。另一方面，互联网有着巨大空间，能够容纳差异化竞争和特点突出的各类服务。只要传媒机构把握好"规律"和"自身"之间的平衡，就能够在发展的道路上不断取得新的成绩。

七、"吸引人才"与"培养人才"相统一

　　在互联网领域当中，知识更新的频次和速度都远超其他许多领域。新技术、新知识不断出现成为许多传媒机构在数字化转型的过程中颇为头疼的问题。从根本上讲，传统媒体本就没有互联网基因，媒体融合的过程中必须面对新知识、新矛盾、新问题。而当这些"新知识"常常在几年之内变成了"老知识"的时候，如何驾驭互联网领域当中的知识更新问题就变得极为重要了。正因与此，吸引人才往往成为传统媒体向新媒体进军过程中必须采用的重要策略。

　　近年来，美国传媒机构在数字化转型的过程中，不断吸引专业人才和领军人物，倚重新媒体人才在互联网领域的专业知识，让他们带领团队在短时期内实现融合发展。例如，2016年，美国全国公共广播（NPR）设立了首席数字官（Chief Digital Officer）的岗位聘请曾经在美国在线（AOL）工作多年的托马斯·哈杰尔姆（Thomas Hjelm）担任这一职务。《纽约时报》《华盛顿邮报》等老牌纸媒也纷纷聘请新媒体人才，借助外脑来实现跨越式发展。尤其是《华盛顿邮报》被亚马逊收购后，后台老板贝索斯（Bezzos）本就是电子商务平台亚马逊的创始人，

先天在互联网领域具有敏锐的观察力和领导力，因此他不断为《华盛顿邮报》引入新媒体人才，为《华盛顿邮报》注入数字发展的基因。足见，通过外部人才资源的引入，可以大大缩短传统媒体的学习曲线，尽快向着数字化方向迈出坚实步伐。

当然，"外来的和尚好念经"只是硬币的一面，更重要的另一面是要不断地培养人才，通过培训和实践让传媒机构现有的采编播人员实现数字化转型。事实上，传统媒体的采编制作人员往往具有较强的媒体运作经验，只是在新媒体领域需要提升意识和实践操作的能力。用好既有的人才，强化既有人才团队的新媒体意识，有时会收到更明显的效果。毕竟，引入的外部人才往往都是"将才"，没有士兵冲锋陷阵是不可能打胜仗的。

近年来，许多传媒机构都倍加重视人才的培养工作，通过培训和实践让采编人员的新媒体意识得到提升、能力得到提高。在前文中，我们曾经提到NPR曾启动过数轮大规模培训，通过聘请南加州大学、加州大学伯克利分校的教授授课等方式，让员工短时间内对"数字化传播"有更明晰的认识，同时培养他们拍摄图片视频、后期编辑、社交媒体、大数据分析等能力。虽然罗马不是一天建成的，但这样的集中短期培训能够显著提升员工的数字传播意识和能力。更重要的是在长期工作中培养人才、建设团队，打下传媒机构数字化转型的人才基础。坦帕新闻中心在启用新大楼后，专门设立区域让不同部门的人员共同策划、编辑稿件，这个过程使得员工在潜移默化当中有了新媒体意识和协作沟通的融合意识。

吸引人才和培养人才，犹如硬币的两面缺一不可。在媒体融合的进程中，忽视其中任何一个方面都是不可取的。然而，在近些年的发展实践中，许多媒体依然过度依赖自身的缓慢转型，还有的媒体寄希望于引入外部人才后毕其功于一役，一条腿走路的现象依然较明显，这些都是不科学的。在数字化转型的道路中，唯有人才源源不断涌现，才能实现可持续发展，也才能在激烈的竞争中立于不败之地。

八、"短期攻坚"与"长期发展"相统一

在近些年媒体生态急剧变化的过程中，许多媒体踏上了数字化发展的道路。然而，由于互联网对于传媒产业的影响来得迅疾猛烈，一些媒体机构在短时间内就遇到了营收滑坡、人才大批流失、订阅量江河日下等局面。不少传媒机构也迅速拿出办法，希望能够迅速"止血"，甚至打一场品牌影响力的翻身仗，这当然可以理解。

《纽约时报》在21世纪初的前十年，整体经营状况犹如坐了过山车，急剧变化的同时也让这家老牌传媒机构不断推出新政，力图使局面在短期内有所好转。无论是剥离非核心资产，还是网站与报社几度合署又剥离，纽约时报管理层内心的急切可想而知。然而事实证明，在应对数字化挑战的过程中，没有任何一个措施能够"一招致胜"。要想实现经营局面的改变，要在管理上有明晰的战略、业务上全面转向互联网传播、人才上实现有效储备、机制上完成流程再造、内部文化上突出创新，而这一切都不是短时期内能够实现的。

更重要的是，社会生活从现实空间拓展到虚拟空间，人们的阅读习惯转向互联网，传播业态向数字化转型，不是一个短期过程而是一个长期趋势。与此同时，新技术手段不断涌现，需要在传播能力和手段上不断调整，在传播方式上逐步升级，这些也都非一朝一夕之功。正因与

此，媒体融合之路，不是一个短途旅行，而是一个长期的方向和趋势。任何的新闻媒体，都不应寄希望于短期内打一场翻身仗，而是要把数字化作为长期战略认真谋划、科学发展。当前，不仅许多传媒机构的管理层寄希望于转型发展能够在短期内有明显的效果，管理部门对于媒体的融合发展也推出许多考核指标，通过考核和验收来确认媒体融合短期发展的效果，这并不科学也不合理。

当然，媒体融合之路是一场艰苦卓绝的持久战，其间也少不了硬碰硬的攻坚战。长期发展规划，也要由一个又一个的"短期攻坚"构成。事实上，媒体工作常常由一个又一个重大报道组成，在重大报道期间检验媒体融合的效果理应成为常态。奥运会等重大报道期间，美国的传媒机构都会大胆尝试新技术手段、大胆突破既有的传播模式、大胆创新报道样态，这些都检验着媒体融合的效果，也是一个不断试错找寻方向的过程。更重要的是，短期数字化攻坚能够改变采编人员沿着既有习惯和路径采编稿件的习惯，让新方式、新模式、新样态给采编人员和受众带来不一样的体验，使传媒机构能够迅速找到方向和突破口，推动融合发展的进程不断向前。

"短期攻坚"与"长期发展"相统一，意味着传统媒体在融合发展过程中，既不能操之过急又应当有紧迫感；既要勇于突破，又要从长计议；既要仔细审视短期融合的实效，又要风物长宜放眼量。唯此，融合发展之路才会越走越宽、越走越远。

我们需明白，人类社会已经进入了一个全新的时代，数字化生活已经变成了现实。传媒业的数字化发展将是一个不可逆转的趋势，速度只会越来越快，变化只会越来越多，竞争只会越来越激烈。但我们同样应明白，无论到哪一天，获取准确、快捷、深入的信息都是人们的期待，都是社会中的刚性需求。媒体机构在融合发展之路上，谨记自己的职责使命，把受众的需求放在心上，大胆拥抱技术变革，勇于实现自我革命，就一定能够擦亮品牌，在时代的洪流中屹立不倒，推动人类文明不断向前进步。

参考目录

艾瑞咨询. (2017). 《2016年中国在线音频行业研究报告》. Retrieved at https://www.ljsw.io/dedao/2017-01-22/lC.html

Barnes, L. (2016). The New York Times' Digital Journey. Retrieved at https://rctom.hbs.org/submission/the-new-york-times-digital-journey/

Benes, R. (2017). "How The New York Times gets people to spend 5 minutes per visit on its site". Digiday. Retrieved on https://digiday.com/media/new-york-times-gets-people-spend-5-minutes-per-visit-site/

毕小青,王代丽,范志国. (2009). 《纽约时报公司新媒体战略及对中国报业的启示》. 《重庆广播电视大学学报》. 2009:21(2)

Bradt, George. (2015). The Root Cause Of Every Merger's Success Or Failure: Culture. Jun 29, 2015. Forbes. Retrieved at https://www.forbes.com/sites/georgebradt/2015/06/29/the-root-cause-of-every-mergers-success-or-failure-culture/#5e1448cad305

蔡雯&郭翠玲. (2007). 《美国坦帕新闻中心媒介融合的策略与方法》. 《中国记者》. 2007(9):88-89

参考消息. (2018). 《美国音乐销售趋势逆转 付费听音乐渐成热潮》. 《参考消息》2018年1月6日.

曹漪那 & 付玉杰. (2009). 《从尼葛洛庞帝"三圆交叠"说看媒介分化》. 《西南民族大学学报》（人文社科版）, 30(12), 223-226.

CXOTalk. (2017). National Public Radio and Digital Transformation. Retrieved at https://www.cxotalk.com/episode/national-public-radio-digital-transformation

陈国权. (2010). 《分化是传媒发展的趋势——"融合论"质疑》. 《新闻记者》2010年第3期.

陈玲. (2012). 《中国网络音乐电台的发展研究——以豆瓣电台为个案》. Retrieved at http://media.people.com.cn/GB/22114/150608/150616/17212490.html

晨曦. (2015). 《美国媒体纷纷布局虚拟现实技术》. 腾讯科技. Retrieved at http://tech.qq.com/a/20151108/007537.htm

陈熙涵. (2018). 《触及"阅读痛点",知识付费竟成版权产业"搅局鲇鱼"?》. 《中国知识产权报》2018年02月11日期.

Corinna Underwood. (2017). Automated Journalism – AI Applications at New York Times, Reuters, and Other Media Giants. TechEmergence. Retrieved at https://www.techemergence.com/automated-journalism-applications/

邓建国. (2010). 《媒体融合:受众注意力分化的解决之道——兼与"反媒体融合论"商榷》. 《新闻记者》2010年第9期.

丁柏铨. (2011). 《媒体融合:概念、动因及利弊》. 《南京社会科学》, (11), 92-99.

Duffy, Vincent. "Field recording 101." The Quill, Mar. 2008, p. 14+. Academic OneFile, http://link.galegroup.com.libproxy1.usc.edu/apps/doc/A176777212/AONE?u=usocal_main&sid=AONE&xid=ffc2cad1. Accessed 29 Mar. 2018.

Dupagne, M. & Garrison, B. (2006). The Meaning and Influence of

Convergence: A Qualitative Case Study of Newsroom Work at the Tampa News Center. Journalism Studies, Vol. 7, No 2, 2006.

樊佳莹. (2016).《案例:〈华盛顿邮报〉〈纽约时报〉怎么做数据可视化》. 传媒狐. Retrieved at http://www.cbdio.com/BigData/2016-08/18/content_5192657.htm

冯烨. (2015).《〈纽约时报〉的融与合》.《广告大观:媒介版》. 2015(2): 68-73

高钢. (2007).《媒体融合:追求信息传播理想境界的过程》.《国际新闻界》2007年第3期.

郐书锴. (2011).《全媒体记者:后报业时代的记者先锋》.《青年记者》, (7), 45-46.

高晓虹. (2015).《媒体融合新常态下传统媒体舆论引导面临的困境与出路》.《社会科学》, (9), 154-160.

Goldhaber, M. H. (1997). "The attention economy and the net". First Monday. Vol. 2, No. 4.

郭培平. (2010).《论全媒体记者的"专"与"杂"》.《青年记者》, (15), 77-78.

郭全中. (2011).《传统媒体转型的难点与对策》.《网络传播》2011年7月.

郭爽,文史哲&匡林. (2013).《国外网络音乐大多收费》.《国际先驱导报》2013年9月9日期.

郭之恩. (2013).《雪从天降:一次奢侈的融合报道探索》.《中国记者》2013年第6期.

何新田&孙梦如. (2015).《机器人也能写新闻了!媒体记者会被取

代吗? ——新闻写作机器人话题舆情解读》. 人民网. Retrieved at http://yuqing.people.com.cn/n/2015/0918/c212785-27605218.html

洪佳士. (2009). 《美国报业文化的媒体融合报道现象》. 《浙江树人大学学报》, 9(6), 66-70.

Huang, J., & Heider, D. (2007). Media Convergence: A Case Study of a Cable News Station. International Journal on Media Management, 9(3), 105-115.

Jenkins H (2006) Convergence Culture. New York: New York University Press.

冀万林&张欣. (2013). 《回顾〈纽约时报〉1997—2012年收缩转型中的教训》. 虎啸网. Retrieved at https://www.huxiu.com/article/20181.html

解放日报. (2017). 《〈纽约时报〉九年内第六次大裁员》. 新华网链接: http://us.xinhuanet.com/2017-06/12/c_129630514.htm

杰罗姆. (2015). 《美国传媒望族的新媒体之路启示录》. 钛媒体. Retrieved at http://www.tmtpost.com/1404453.html

敬慧. (2017). 《机器新闻写作热潮下的传统新闻生产冷思考》. 《科技传播》2017年第20期.

Jordan Crook. (2018). Mark Zuckerberg: "We do not sell data to advertisers". TechCrunch. Retrieved at https://techcrunch.com/2018/04/10/mark-zuckerberg-we-do-not-sell-data-to-advertisers/

J. Sonia Huang & Don Heider (2007) Media Convergence: A Case Study of a Cable News Station, The International Journal on Media Management, 9:3, 105-115, DOI:10.1080/14241270701521717

Krigsman M. (2017). NPR: National Public Radio goes digital across channels. Beyond IT Failure. Retrieved at https://www.zdnet.com/article/npr-national-public-radio-goes-digital-across-channels/

Krigsman M. (2017). National Public Radio and Digital Transformation. CXTTalk. Retrieved at https://www.cxotalk.com/episode/national-public-radio-digital-transformation

匡文波. (2017).《人工智能会取代记者吗？》.《新闻论坛》2017年第1期.

李洁. (2014).《媒体融合背景下的美国社区电台运营分析及对我国的启示》. (Doctoral dissertation, 内蒙古大学).

李景中. (2010).《准备好，做一名全媒体记者》.《青年记者》, (20), 120.

刘扬. (2017).《2017年媒体新技术发展与应用综述》. 2017年3月6日《新闻战线》.

刘笑盈&康秋洁. (2014).《看〈卫报〉CNN〈纽约时报〉的新媒体转型》.《人民日报》2014年7月17日.

罗杰-菲德勒. (1999).《认识新媒介：媒介形态变化》. 华夏出版社. 1999 年第 19 页.

吕宇翔 & 杭敏. (2012).《美国音乐版权的运作与管理模式》.《中国出版》2012年4月上.

马金馨. (2015).《从〈纽约时报〉、彭博社看数据新闻的运用及发展》.《中国记者》2015年2月期.

Malone, Roy. "TV stations try backpack journalism." St. Louis Journalism Review, Oct.-Nov. 2008, p. 8+. Academic OneFile, http://link.galegroup.com.libproxy2.usc.edu/apps/doc/A188899320/AONE?u=usocal_

main&sid=AONE&xid=8495424a. Accessed 29 Mar. 2018.

Messineo, D., Champ, Joe, Kelly, Kathleen, & Luft, Greg. (2015). Doing It Alone: Do Video Journalists Affect the Quality and Credibility of Television News?. ProQuest Dissertations and Theses.

McDermott, J. (2013). NPR's $10 million digital bet. Retrieved at https://digiday.com/media/npr-digital-platform/

New York Times Readies Pay Wall; Paper Will Charge for Bundled Digital Service, Allow Some Free Access. (2011, Jan 23). Wall Street Journal (Online) Retrieved from http://libproxy.usc.edu/login?url=https://search-proquest-com.libproxy2.usc.edu/docview/846856758?accountid=14749

NY Times. (2018). Embrace Digital or Risk Losing Out: Speeding Up Digital Transformation Is a Priority for Today's Enterprises. Retrieved at https://paidpost.nytimes.com/huawei/embrace-digital-or-risk-losing-out.html

尼尔森. (2017). 《尼尔森: 2016年美国流媒体音频播放次数超过2510亿次 同比增长76%》. Retrieved at http://www.199it.com/archives/555082.html

Nieman Lab. (2017). 《2017美国传媒业的14个关键词 | 尼曼顶级洞察》. 全媒派. Retrieved at http://www.sohu.com/a/212783797_257199

Nikki U & Patti R. (2017). Reshaping the Public Radio Newsroom for the Digital Future. Retrieved at https://www.isoj.org/wp-content/uploads/2018/01/UsherRiley10-1.pdf

NPR Extra. (2017). Structural Changes: A More Integrated Newsroom. Retrieved at https://www.npr.org/sections/npr-extra/2017/11/10/563254671/structural-changes-a-more-integrated-newsroom

NPR.org. (2016). NPR Names Thomas Hjelm Chief Digital Officer. Retrieved at https://www.npr.org/about-npr/471752222/npr-names-thomas-hjelm-chief-digital-officer

NPR Public Media. (2017). NPR Digital: A Record of Innovation. Retrieved at https://www.nationalpublicmedia.com/wp-content/uploads/2016/12/NPR-Digital-Sponsorship.pdf

NPR Visual Team. (2014). How we work? Retrieved at http://blog.apps.npr.org/2014/06/04/how-we-work.html

NYT. (2017). Journalism That Stands Apart: The Report of The 2020 Group. NYTimes.com. Retrieved at https://www.nytimes.com/projects/2020-report/index.html

彭兰. (2005). 《新一代互联网：再次改写的新闻传播景观》.《传媒》2005年12期.

彭兰. (2007).《媒体融合时代的合与分》.《中国记者》2007年第2期.

彭兰. (2012).《社会化媒体、移动终端、大数据：影响新闻生产的新技术因素》.《新闻界》2012年第8期.

Owen, Laura H. (2017). 《新闻类APP能获得重生？美国年轻一代正在为新闻付费？》. NiemanLab & 全媒派. Retrieved at http://www.niemanlab.org/hubs/audience-social/

强月新, 黄晓军. (2010).《传媒整合:传媒集团内部的协同合作》.《上海交通大学学报》（哲学社会科学版）, 18(2), 76-82.

施嘉宁. (2017).《VR技术在美国传媒业的发展现状及趋势》. SMG智造. Retrieved at https://www.jzwcom.com/jzw/15/16723.html

宋青. (2013). 《音频：数字化提升听众体验——2013美国新闻媒体状况报告》. Retrieved at http://www.cnr.cn/gbzz/tbch/201310/t20131012_513803418.html

宋青. (2015). 《2014年美国音频数字化状况与启示》. 《青年记者》2015年2月上.

Sparviero, S. (n.d.). Media Convergence and Deconvergence. Springer International Publishing.

Statista. (2018). U.S. Online Radio - Statistics & Facts. Retrieved at https://www.statista.com/topics/1348/online-radio/

Stefan Hall. (2018). Can you tell if this was written by a robot? 7 challenges for AI in journalism. World Economic Forum. Retrieved at https://www.weforum.org/agenda/2018/01/can-you-tell-if-this-article-was-written-by-a-robot-7-challenges-for-ai-in-journalism/

孙琳. (2014). 《纸媒付费墙的困境与突围》. 《编辑之友》2014年3月期109-112.

汤景泰. (2013). 《大数据时代的传媒转型：观念与策略》. 《新闻与写作》2013年10月期.

腾讯新闻. (2015). 《<Serial>如何用声音引全美疯魔》. Retrieved at http://news.qq.com/original/dujiabianyi/serialhuobao.html

田智辉&张晓莉. (2016). 《纽约时报的积极转型与创新融合》. 《新闻与写作》2016年第6期第19-23页.

Tiersky, H. (2017). The new york times is winning at digital. Cio, Retrieved from http://libproxy.usc.edu/login?url=https://search-proquest-com.libproxy2.usc.edu/docview/1907198714?accountid=14749

Time. (2018) Everything You Need to Know About the 2018 Winter Olympics. Retrieved at http://time.com/4932670/2018-winter-olympics-when-where/

Tameling, K., & Broersma, M. (2013). De-converging the newsroom: Strategies for newsroom change and their influence on journalism practice. International Communication Gazette, 75(1), 19-34.

Usher, N. (2014). Making news at The New York Times. The New Media World.

魏然&黄冠雄. (2015).《美英媒体融合现状与评析. 华中师范大学学报（人文社会科学版）》, 54(6), 116-123.

魏一帆&赋格. (2009).《美国："音媒"取代"广播"》。登载于《南方周末》2009年7月1日期.

Wirtz BW. (2001). Reconfiguration of value chains in converging media and communications markets. Long Range Planning 34(4): 489–506.

吴文涛. (2017).《论媒体融合疑虑及其消解》.《中国出版》2017年第08期.

新观. (2017).《2016年美国数字音乐消费报告：有个趋势决定了大局》. Retrieved at http://www.sohu.com/a/128377660_172553

熊琦. (2014).《美国音乐版权制度转型经验的梳解与借鉴》.《环球法律评论》2014年第3期.

杨军. (2017).《传统媒体的真正对手不是新媒体——清华大学新闻与传播学院尹鸿教授专访》.《南风窗》2017年1月12日期.

严圣禾&党文婷.《数字技术改变全球媒体传播方式和理念》. 2017年6月25日《光明日报》.

杨玲. (2011). 《媒介、受众与权力:詹金斯的"融合文化"理论》. 《山西大学学报》（哲学社会科学版）, 34(4), 64-70.

音希. (2017). 《BuzzFeed聚合类新闻流量不断下降 读者转向传统新闻网站》. 腾讯科技. Retrieved at http://tech.qq.com/a/20171201/008187.htm

袁睿. (2012). 《融合与电视记者的转型之路》. (Doctoral dissertation, 安徽大学).

余婷. (2016). 《美国媒体如何用VR报道与盈利》. 《光明日报》2016年10月29日.

曾琎. (2013). 《新媒体环境下传统纸质媒体的生存之道》. 《武汉理工大学学报》（社会科学版）, 26(4), 514-517.

詹新惠. (2011). 《正确培养"全媒体记者"》. 《青年记者》, (6), 14-15.

张晓菲. (2015). 《打造融合发展型新闻编辑部——以美国国家公共广播公司的组织架构转型为例》. 《新闻记者》. 2015第6期.

张志成&张建中. (2017). 《媒体融合时代广播节目的内容供给侧改革——以美国"60DB"和"NPR One"为例》. 《传媒》2017年6月期.

钟布. (2014). 《数据科学给〈纽约时报〉输入活力》. 腾讯科技. Retrieved at http://tech.qq.com/a/20140915/013626.htm

朱晓刚,叶乐阳&苏航. 《美国媒体融合发展的特点及对中国媒体的启示》. 《青年记者》2017年3月上.